Theologische Studien

Neue Folge

TVZ

Theologische Studien

Neue Folge

hg. von
Thomas Schlag, Reiner Anselm,
Jörg Frey, Philipp Stoellger

Die Theologischen Studien, Neue Folge, stellen aktuelle öffentlichkeits- und gesellschaftsrelevante Themen auf dem Stand der gegenwärtigen theologischen Fachdebatte profiliert dar. Dazu nehmen führende Vertreterinnen und Vertreter der unterschiedlichen Disziplinen – von der Exegese über die Kirchengeschichte bis hin zu Systematischer und Praktischer Theologie – die Erkenntnisse ihrer Disziplin auf und beziehen sie auf eine spezifische, gegenwartsbezogene Fragestellung. Ziel ist es, einer theologisch interessierten Leserschaft auf anspruchsvollem und zugleich verständlichem Niveau den Beitrag aktueller Fachwissenschaft zur theologischen Gegenwartsdeutung vor Augen zu führen.

Theologische Studien

NF 14 – 2019

Sabrina Müller

Gelebte Theologie

Impulse für eine Pastoraltheologie des Empowerments

TVZ
Theologischer Verlag Zürich

Gedruckt mit freundlicher Unterstützung des Emil Brunner-Fonds der Zürcher Landeskirche und der Theologischen Fakultät der Universität Zürich.

Der Theologische Verlag Zürich wird vom Bundesamt für Kultur mit einem Strukturbeitrag für die Jahre 2019–2020 unterstützt.

Bibliografische Informationen der Deutschen Nationalbibliothek

Die Deutsche Nationalbibliothek verzeichnet diese Publikation in der Deutschen Nationalbibliografie; detaillierte bibliografische Daten sind im Internet über http://dnb.dnb.de abrufbar.

Umschlaggestaltung: Simone Ackermann, Zürich

Druck: ROSCH-BUCH GmbH Schesslitz

ISBN 978-3-290-18207-6

© 2019 Theologischer Verlag Zürich

www.tvz-verlag.ch

Alle Rechte vorbehalten

Für Georges Morand,
der mich mit der Liebe und Wertschätzung
für das Allgemeine Priestertum nachhaltig angesteckt hat
und mit dem ich freundschaftlich verbunden bin.

Inhalt

Einleitung 9

Allgemeines Priestertum und Freiwilligenarbeit 12

Biblische und historische Hintergründe des Allgemeinen Priestertums 14
    Neutestamentliche Perspektiven und Rezeption in der frühen Kirche.... 14
    Wiederaufnahme in der Zeit der Reformation 15
    Schlaglichter im 17.–20. Jahrhundert 16
    Die Verfasstheit der reformierten Kirchen der Schweiz
    und das Allgemeine Priestertum 17

Freiwilligenarbeit – das soziale Kapital 18
    Freiwilligenarbeit – eine Definition 19
    Beweggründe für Freiwilligenarbeit 19
    Freiwillige als Thema von Kirche und Kirchenentwicklung 20
    Verhältnisbestimmung von Freiwilligenarbeit
    und Allgemeinem Priestertum 22

Verhältnisbestimmung zwischen Allgemeinem Priestertum
und ordiniertem Amt 22
    Das ordinierte Amt als öffentliche Beauftragung 23
    Das Allgemeine Priestertum als Würdebegriff 24

Nachfolge als zentraler Begriff des Allgemeinen Priestertums 25
    Nachfolge als Suchbewegung 25
    Nachfolge und theologische Sprachfähigkeit 26

Allgemeines Priestertum und der individualisierte Mensch 27
    Theologische Mündigkeit 28

Religiöse Erfahrung und die Genese Gelebter Theologie 32

Gelebte Theologie – eine Begriffsbestimmung 33
    Gelebte Theologie in Abgrenzung zu gelebter Religion 34
    Gelebte Theologie in Abgrenzung zu gelebtem Glauben 35
    Gelebte Theologie in Abgrenzung zur *ordinary theology* 36
    Gelebte Theologie in Analogie zur *popular theology* 37
    Definition von Gelebter Theologie 38

Verhältnisbestimmung von Gelebter Theologie und Erfahrung 39
    Die kontextuelle Aufgabe der Theologie 40

Genese religiöser Erfahrung 42
    Sinnliche Erlebnisse als Nährboden religiöser Erfahrung 42
    Ursachen für eine religiöse Deutung alltäglicher Erlebnisse 43
    Konkrete Beispiele 47
    Erkenntnisgewinn als Folge religiöser Erfahrung 48
Exkurs: Gedanken zum Religionsbegriff
in Bezug auf christlich-religiöse Erfahrung 49

Die Öffentlichkeit Gelebter Theologie – digital und analog 52

Die Öffentlichkeit Gelebter Theologie in Kirchgemeinden 54

Die digitale Öffentlichkeit Gelebter Theologie 56

Praktische Beispiele Gelebter Theologie im digitalen Raum 58
    Digitale Netzwerke als ekklesiale Gemeinschaften 59
    Die Erkennbarkeit digitaler Gelebter Theologie 61

Gelebte Theologie als Moment des Empowerments 66

Theologisches Empowerment 68

Theologische Sprachfähigkeit und Empowerment 70

Die Rolle der Pastoraltheologie für die Gelebte Theologie 72

Impulse für eine Pastoraltheologie des Empowerments 78

Pastoraltheologie als Geburtshelferin für Gelebte Theologie 79

Der gemeinsame Tanz – Metapher für einen gegenseitigen Lernprozess 81

Kommt und seht – Potenzial entfalten 82

Grundhaltung – Dialog und Resonanz 82

Vom privaten Erleben zum öffentlichen Handeln 84

Eine Pastoraltheologie des Empowerments
braucht kreative Freiräume für das ordinierte Amt 86

Ein persönliches Nachwort – Fragmente einer Predigt 89

Literatur 91

Einleitung

Entspricht die im landeskirchlichen Kontext verwendete Konzeption von Freiwilligenarbeit dem modernen individualisierten Menschen mehr als die theologische Rede vom Priestertum aller Glaubenden? Ist deshalb die Rede von Freiwilligen in der kirchlichen Praxis en vogue und das Allgemeine Priestertum wird meist nur in historischen Überblicken über die Reformation erwähnt? Klar ist, dass der sperrige Wortlaut und die theologisch dicht beladene Konzeption es schwierig machen, in einer pluralistischen, individualisierten Gesellschaft über das Allgemeine Priestertum zu sprechen.

Dennoch muss diese Konzeption, bzw. Teile davon, kein Widerspruch zu einer spätmodernen Gesellschaft sein. Die Frage ist viel eher, wie sich heute die «Priesterinnen» und «Priester» zeigen, welche Lebensentwürfe sie haben und wie heute dieser Anteil am priesterlichen Amt Jesu Christi aussieht.

Das Allgemeine Priestertum oder das Priestertum aller Gläubigen gehört seit Luthers Schrift «An den christlichen Adel der deutschen Nation» aus dem Jahr 1520 zu den zentralen Begriffen[1] protestantischer Ekklesiologie. Luther betonte darin, dass durch die Taufe alle Christinnen und Christen zu Priesterinnen und Priester geweiht werden.[2] Seit der Reformation steht beim Gedanken des Allgemeinen Priestertums deshalb die Überzeugung im Zentrum, dass jede Person die Bibel selbst lesen und verstehen kann und dies nicht mehr nur dem Klerus vorbehalten ist. Damit ist jeder Mensch für seine religiösen Überzeugungen selbst verantwortlich und ist somit auch theologisch mündig.[3]

Dies hat Auswirkungen auf Theologie und ordiniertes Amt. Denn damit kommt nicht nur dem Feiern und Dienen, sondern auch der Gelebten Theologie des Allgemeinen Priestertums eine zentrale Stellung zu. Dennoch ist und bleibt die «heilige Priesterschaft» und deren Alltagstheologie ein Randphänomen in den Diskursen zu Kirchenentwicklung, Freiwilligenarbeit und in der Praktischen Theologie im Allgemeinen. Die alltägliche Gelebte Theologie der Freiwilligen und ihre aktive Rolle als Theologinnen und Theologen stehen nicht

---

[1] Leider wurde dieser zentrale Begriff in der konkreten Umsetzung häufig ignoriert. Vgl. BARTH, Hans-Martin: Einander Priester sein: Allgemeines Priestertum in ökumenischer Perspektive, Göttingen: Vandenhoeck & Ruprecht 1990, S. 15–18.
[2] HÄRLE, Wilfried und GOERTZ, Harald: «Priester/Priestertum», S. 402f.
[3] In der Zürcher Reformation drücken sich diese Überzeugung besonders prägnant in der Prophezei aus. Vgl. dazu auch KUNZ, Ralph und ZEINDLER, Matthias (Hg.): Alle sind gefragt: Priestertum aller Gläubigen heute, Zürich: Theologischer Verlag Zürich 2018, S. 7.

im Fokus kirchlicher, pastoraltheologischer und kirchentheoretischer Überlegungen.[4] Darüber reflektiert wird eher im Rahmen der Erwachsenenbildung. Wird das Allgemeine Priestertum thematisiert, geschieht dies meist im Zusammenhang von Rechten und Pflichten im Vergleich mit dem ordinierten Amt. Damit kann der Thematik jedoch nicht genüge getan werden, denn es geht vielmehr darum, wie Menschen, die nicht Theologie studiert haben, als theologieproduktive Repräsentantinnen und Repräsentanten Gelebter Theologie wahr- und ernstgenommen werden können, damit sie selbst zu einem konstitutiven Teil kirchlicher und theologischer Praxis werden. Für diese Form des Priestertums aller Gläubigen ist nicht nur ein theologisches *reframing* notwendig, sondern auch eine Veränderung des theologischen Selbstverständnisses von Freiwilligen, der Funktion der Pfarrperson und der Bedeutung der Gelebten Theologie.

So werden in der hier vorliegenden Reflexion besonders die Zusammenhänge von Gelebter Theologie, theologischer Sprachfähigkeit des Allgemeinen Priestertums und der Funktion der Pastoraltheologie erörtert. Das Priestertum aller Gläubigen und deren Gelebte Theologie wird nicht auf parochiale Gemeindeformen oder gar auf eine Rückbesinnung zu parochialen Kerngemeindestrukturen beschränkt, sondern der Diskurs soll auch soziale, digitale, religiöse Netzwerkphänomene einschliessen. Denn in den sozialen Netzwerken werden Menschen über Zeit und Distanz verbunden und Denominationsgrenzen werden darin überwunden. Zudem entstehen Gelebte Theologien und neue Leitungsstrukturen in rasantem Tempo. Diese verweisen auf Aspekte des Allgemeinen Priestertums, die in parochialen Kirchgemeinden so nicht beobachtet werden können.

In einer digitalisierten Welt muss die Thematik des Allgemeinen Priestertums, der Gelebten Theologie und ihre Auswirkungen auf die Pastoraltheologie sowohl lokal für Kirchgemeinden als auch regional und global bedacht werden.

Viele Leute haben mich bei der Entstehung dieses Buchs unterstützt, zum Denken angeregt und hilfreiche Rückmeldungen gegeben. Mein ganz grosser Dank gilt Georges Morand, der mich seit 20 Jahren zu Denkprozessen anregt,

---

[4] Vgl. SEK-Papier zur Freiwilligenarbeit und im EKD-Papier «Kirche der Freiheit» wird zwar das Allgemeine Priestertum erwähnt, Freiwillige werden darin aber nicht als theologieproduktive Gegenüber wahrgenommen. Auf der Homepage der Landeskirche des Kantons Zürich fehlt auch die Rückbindung der Freiwilligenarbeit als Allgemeine Priestertum , vgl. u.a. «ikag-fwa_leitfaden-freiwilligenarbeit_arbeitsinstrumente_2018_ komplett.pdf», S. 7f; «Kirche der Freiheit», https://www.ekd.de/ekd_de/ds_doc/kirche-der-freiheit.pdf [abgerufen am 10.10.2018] S. 67f; «Freiwilligenarbeit», https://www.bfs. admin.ch/bfs/de/home/statistiken/arbeit-erwerb/unbezahlte-arbeit/freiwilligenarbeit.html [abgerufen am 22.02.2018].

mich immer gefördert und gefordert hat und mir beigebracht hat, dass das Theologisieren allen zugänglich sein sollte. Seine Freundschaft und seine Ehrlichkeit haben mich geprägt und weitergebracht. Von Herzen möchte ich auch dem tollen Team des Zentrums für Kirchenentwicklung der Universität Zürich danken: das kritische, wohlwollende Feedback, die motivierende Arbeits- und Forschungsatmosphäre beflügeln. Speziell danken möchte ich dabei Prof. Dr. Thomas Schlag und Prof. Dr. Christina aus der Au für die vielen hilfreichen Anmerkungen, für die Problemanzeigen und die wertschätzenden Rückmeldungen. Zudem geht mein grosser Dank an viele Allgemeine Priesterinnen und Priester, die mich während meiner Zeit als Jugendarbeiterin und im Pfarramt bereichert und geprägt haben. Ebenfalls ein grosser Dank gilt Dr. phil. Jürg Kühnis und meinem Partner Pfr. Andreas Bosshard für die Lektüre aus ökumenischer, psychologischer und praktischer Sicht und für die stete Ermutigung. Zudem möchte ich mich wiederholt aber von Herzen für die motivierende und konstruktive Zusammenarbeit beim TVZ bedanken. Ein spezieller Dank geht an Bigna Hauser für das kritisch-konstruktive Lektorat, das viel zur Verständlichkeit dieses Buchs beigetragen hat.

Allgemeines Priestertum und Freiwilligenarbeit

Im Rahmen der Feierlichkeiten zu «500 Jahre Reformation» gerät das Allgemeine Priestertum wieder vermehrt in den Fokus.[5] Ob dies eine Rückbesinnung oder Zukunftshoffnung ist, oder ob es als Krisenphänomen der an Bedeutungs- und Ressourcenverlust und Pfarrpersonenmangel[6] leidenden Landeskirchen angesehen werden muss, sei dahingestellt.[7]

Wird jedoch in kirchlichen Kreisen vom Allgemeinen Priestertum gesprochen, wandert das Hauptaugenmerk rasch auf den (sozialen) Gewinn, der durch die Freiwilligen entsteht.[8] Das Priestertum aller Glaubenden wird mit Freiwilligenarbeit gleichgesetzt. Besonders auffällig ist dies, wenn man kantonalkirchliche Homepages betrachtet. Da gibt es unzählige Ausführungen zu Freiwilligenarbeit, Sozialzeitausweisen und zur Motivation von Freiwilligen. Die theologische Konzeption des Allgemeinen Priestertums ist demgegenüber auf entsprechenden Homepages kaum vorhanden.[9] Freiwilligkeit, Ehrenamtlichkeit und das soziale Engagement in Kirchgemeinden der Schweiz stehen zumeist dann im Fokus, wenn es um die geleistete Freiwilligenarbeit und das *social capital* geht. Historisch und theologisch muss aber die Gleichsetzung von Allgemeinem Priestertum und Freiwilligenarbeit als problematische Reduktion angesehen werden. Dies vorwiegend dann, wenn die theologische Dimension nicht mitgedacht wird.

---

[5] Vgl. z. B. «reformation_im_kontext.pdf», https://www.ref-500.ch/sites/default/files/media/PDF/wort_bild/reformation_im_kontext.pdf [abgerufen am 26.12.2018], S. 3f.

[6] Vgl. z. B. «Bischof: Kirche muss sich auf weniger Pastoren vorbereiten», https://www.nordkirche.de/nachrichten/nachrichten-detail/nachricht/bischof-kirche-muss-sich-auf-weniger-pastoren-vorbereiten/ [abgerufen am 03.08.2018].

[7] Beate Hofmann sieht in den sinkenden kirchlichen Ressourcen einen Grund dafür, dass das Thema wieder an Relevanz gewinnt. Vgl. HOFMANN, Beate: «Ehrenamt und Freiwilligkeit», in: KUNZ, Ralph und SCHLAG, Thomas (Hg.): Handbuch für Kirchen- und Gemeindeentwicklung, 1. Aufl., Neukirchen-Vluyn: Neukirchener Theologie 2014, S. 140–150, hier S. 140.

[8] Vgl. «Kirche der Freiheit», S. 68.

[9] Vgl. z. B. «Freiwilligenarbeit»; «Im Ehrenamt – nordkirche.de», https://www.nordkirche.de/dazugehoeren/im-ehrenamt/ [abgerufen am 03.08.2018].

Biblische und historische Hintergründe des Allgemeinen Priestertums

Obwohl es viele Erörterungen zu den biblischen und historischen Hintergründen des Allgemeinen Priestertums gibt, werden hier trotzdem einige Hauptlinien kurz skizziert. Dies ist nötig, um gezielt zu verorten, wie sich das Verständnis des Allgemeinen Priestertums entwickelt hat.[10]

Religionsgeschichtlich und im Alten Testament sind Priester immer Menschen gewesen, die eine Mittleraufgabe zwischen Gottheit und Menschen innehatten und je nachdem als Religionsführer, nicht aber als Religionsstifter, galten.[11]

Neutestamentliche Perspektiven und Rezeption in der frühen Kirche

Im Neuen Testament wird zurückhaltend mit dem Priesterbegriff umgegangen und er wird, insbesondere im Hebräerbrief (Heb 4–10), ausschliesslich für Jesus Christus verwendet. Das Opfer am Kreuz macht den vorausgehenden Opferkult überflüssig. Zugleich wird durch die Opferung Jesu Christi, des Hohepriesters, jeglicher Mittlerdienst überflüssig. Dies führt dazu, dass im Neuen Testament der Priesterbegriff für Amtsträger vermieden wird. Dafür werden nun alle Gläubigen zu Gottes Volk und zur heiligen Priesterschaft, die geistliche Opfer darbringt (1Petr 2,4f. und Offb 1,6; 5,10; 20,6).[12] «Durch die Taufe und den Glauben bekommt jeder Christ Anteil an dem ganzen Heilswerk Jesu Christi, also auch an seinem priesterlichen Amt.»[13] Taufe und Glaube sind also grundlegend für die Existenz in Christus (2Kor 5,17).

Dennoch entstand in der Alten Kirche erneut ein Priesteramt, dem zunehmend heilsvermittelnde Funktionen zwischen Gott und Mensch in Eucharistie

---

[10] Vgl. z. B. HÄRLE/GOERTZ: «Priester/Priestertum»; HÄRLE, Wilfried: Dogmatik, 3. Aufl., Walter de Gruyter 2007, S. 583–590; WALTER, Peter: «Priestertum», in: JAEGER, Friedrich (Hg.): Enzyklopädie der Neuzeit Online, [abgerufen am 03.08.2018].

[11] Als Beispiel sei hier die Geschichte von Mose erwähnt, der immer wieder die Funktion des Mittlers zwischen Gott und dem Volk Israel innehatte. Von Gott selbst zum obersten Priester berufen wurde Aaron, Moses Bruder (2. Mose 28). Ebenfalls als Priester galt Eli, welcher der kinderlosen Hanna zusicherte, dass ihr Wunsch nach einem Kind erfüllt werde (1Sam 1).

[12] Vgl. FRIEDLI, Richard u. a.: «Priestertum»; SALLMANN, Martin: «Das allgemeine Priestertum in kirchengeschichtlicher Perspektive», in: KUNZ, Ralph und ZEINDLER, Matthias (Hg.): Alle sind gefragt: Priestertum aller Gläubigen heute, Zürich: Theologischer Verlag Zürich 2018, S. 53–63, hier S. 53; HÄRLE/GOERTZ: «Priester/Priestertum».

[13] HÄRLE: Dogmatik, S. 583.

und Absolution zukamen. Dies führte wiederum zu einer klaren Unterscheidung zwischen geweihtem Klerus und Volk.[14]

Wiederaufnahme in der Zeit der Reformation

Martin Luther griff, in seiner Schrift «An den christlichen Adel deutscher Nation von des christlichen Standes Besserung» 1520, den Gedanken des Allgemeinen Priestertums erneut auf. Luther stellte starke Bezüge vom Allgemeinen Priestertum zum Hebräerbrief und zu Christus als Hohepriester her, an dessen Heiligkeit die Gläubigen partizipieren. Die glaubenden Menschen beteiligen sich aber damit nicht nur an einer blossen Aktivität, sondern ihre Identität wird verändert, sie sind in Heiligkeit gekleidet und mit ihr geschmückt: «Sic omnes sumus sacerdotes, vestiti et ornati eadem sanctitate Christi.»[15] Das Priestersein der Gläubigen, wie auch ihr Christsein, gründet in der Rechtfertigungslehre und muss immer neu geübt werden: «durch das priesterliche Vor-Gott-Treten im Gebet und durch den Glaubensgehorsam als geistliches Selbstopfer […] Da das Glaubensopfer der Christen sich in der Liebe manifestiert und somit auch dem Nächsten zu dienst getan wird.»[16] Das Priestertum aller Christinnen und Christen wird von Luther in Taufe und Glaube begründet. Das eigene Priestersein soll das Priestersein und -werden der anderen Person fördern. Konkret zeigt sich diese Aufgabe in der Kommunikation des Evangeliums in Verkündigung, Seelsorge und Beichte.[17]

Durch Luther wurde das Allgemeine Priestertum zu einem wichtigen Begriff protestantischer Ekklesiologie. Doch auch in der Zürcher Reformation wurde darauf Bezug genommen. Ulrich Zwingli bezog sich 1522 mit dem Schlagwort «königliche Priesterschaft» (*regale sacerdotium*) auf das Allgemeine Priestertum. Für ihn war ein heilsvermittelnder Priester nicht mehr notwendig, denn alle Gläubigen sind vor Gott grundsätzlich gleich: «Ihr müsst theodidacti, das heisst von Gott, nicht von Menschen Belehrte sein.»[18]

---

[14] Vgl. FRIEDLI u. a.: «Priestertum»; SALLMANN: «Das allgemeine Priestertum in kirchengeschichtlicher Perspektive», S. 53f; HÄRLE/GOERTZ: «Priester/Priestertum», S. 402.
[15] LUTHER, Martin: «WA 40/2», S. 595, 25f.
[16] HÄRLE/GOERTZ: «Priester/Priestertum», S. 403f.
[17] A.a.O., S. 402ff.
[18] BRUNNSCHWEILER, Thomas, LUTZ, Samuel (Hg.): Huldrych Zwingli Schriften, Bd. 1, Zürich: Theologischer Verlag Zürich 1995, S. 146.

Gerade für kongregationalistische[19] Gemeinden, wie beispielsweise die Täufer, die schon früh vom Antiklerikalismus geprägt waren, ist das Allgemeine Priestertum grundlegend.[20]

Schlaglichter im 17.–20. Jahrhundert

Im Jahre 1675 veröffentlichte *Philipp Jakob Spener* sein Reformprogramm «Pia desideria», in dem die Erneuerung des «Geistlichen Priestertums» eine zentrale Stellung einnimmt. Kennzeichnend für den Pietismus war, dass das Wort Gottes nicht nur durch Predigt, sondern auch durch unablässige Bibellektüre im Alltag wirksam werden sollte. Die Versammlung der Gläubigen diente vorwiegend «der gemeinsamen Auslegung der Bibel und so der Einübung und Ausübung des Geistlichen Priestertums», sie zielte auf die eigene Erbauung und das Wort sollte so unter die Menschen gebracht werden.[21]

Friedrich Schleiermacher vertritt, im Sinne der freien Geselligkeit, ein romantisch und aufklärerisch geprägtes Verständnis vom Priestertum aller Glaubenden. Schleiermachers Definition ist immer noch aktuell, denn religiöse Gemeinschaften bilden sich laut ihm durch das Bedürfnis nach Austausch religiös berührter Menschen: «Ist die Religion einmal, so muss sie notwendig auch gesellig sein: es liegt in der Natur des Menschen nicht nur, sondern auch ganz vorzüglich in der ihrigen. Ihr müsst gestehen, dass es etwas höchst widernatürliches ist, wenn der Mensch dasjenige, was er in sich erzeugt und ausgearbeitet hat, auch in sich verschliessen will.»[22] Deshalb ist es für Schleiermacher auch selbstverständlich, dass sich Gleichgesinnte vergemeinschaften: «Freilich werden diejenigen, die sich in einem dieser Punkte am ähnlichsten sind, sich auch einander am stärksten anziehen.»[23] In Schleiermachers Verständnis ist dabei jede Person, je nach Kommunikationssituation, Laie und Priesterin oder Priester. Gemeinsam, abwechselnd und in unterschiedlichen Funktionen sind die Menschen so theologieproduktiv tätig.[24]

---

[19] In kongregationalistisch verfassten Gemeinden, wie der Täufer- und Pfingstbewegung und den Baptistengemeinden, hat die Gemeindeautonomie der einzelnen Kirchgemeinde höchste Priorität.

[20] Vgl. SALLMANN: «Das allgemeine Priestertum in kirchengeschichtlicher Perspektive», S. 57; HÄRLE/GOERTZ: «Priester/Priestertum», S. 406.

[21] HÄRLE/GOERTZ: «Priester/Priestertum», S. 406.

[22] SCHLEIERMACHER, Friedrich: «Über die Religion. Reden an die Gebildeten unter ihren Verächtern (1799)», in: MECKENSTOCK, Günter (Hg.): Kritische Gesamtausgabe, Bd. I/2: Schriften aus der Berliner Zeit 1769–1799, Berlin/New York: Walter de Gruyter 1984, S. 185–326, hier S. 267.

[23] A.a.O., S. 270.

[24] A.a.O., S. 270f.

Die erwecklichen Kreise um *Johann Heinrich Wichern* knüpften an die Reformbestrebungen des Pietismus an. Auf dem 1848 stattfindenden Kirchentag in Wittenberg präsentierte Wichern sein (Reform-)Programm. Sein Ziel war die «innere Mission» der deutschen evangelischen Kirche. Gemäss Wichern war diese Erneuerung allein durch die Amtsinhaber in den Kirchen nicht zu realisieren. Deshalb sollten durch die «inneren Mission» alle Glaubenden mobilisiert werden, um die sozialen und kirchlichen Umstände zu verbessern und die Volkskirche zu erneuern. In dieser Aufgabe sah Wichern das Allgemeine Priestertum verwirklicht. Er hatte dabei die «Nichttheologen im Blick, die aufgrund ihrer beruflichen und gesellschaftlichen Position Fähigkeiten und Möglichkeiten haben, die gegenüber der theologischen Kompetenz nicht geringgeachtet oder abgewertet werden dürfen.»[25]

Auch die *Barmer Theologische Erklärung*, das 1934 verabschiedete theologische Fundament der «Bekennenden Kirche», nimmt das Allgemeine Priestertum auf. Barmen VI[26] ist als Auftrag an die ganze Gemeinde zu lesen. Alle Christinnen und Christen werden dazu berufen und aufgerufen, von der freien Gnade Gottes Zeugnis abzulegen.[27] Diese Aufgabe kann nicht an akademisch ausgebildete Pfarrpersonen delegiert werden. Sondern die Aufgabe der akademisch ausgebildeten Theologinnen und Theologen besteht vielmehr darin, die Gemeinde so zu fördern, dass diese über das Evangelium Zeugnis ablegen können.

Die Verfasstheit der reformierten Kirchen der Schweiz und das Allgemeine Priestertum

Der Gedanke des Allgemeinen Priestertums fand in verschiedenen Kirchenordnungen der Schweiz Eingang und ist grundlegend für das landeskirchliche Selbstverständnis. Die lokalen und kantonalen Gemeindestrukturen, mit dem

---

[25] HÄRLE/GOERTZ: «Priester/Priestertum», S. 407; Vgl. SALLMANN: «Das allgemeine Priestertum in kirchengeschichtlicher Perspektive», S. 61f.

[26] Barmen VI: «Jesus Christus spricht: Siehe, ich bin bei euch alle Tage bis an der Welt Ende. (Mt 28,20); Gottes Wort ist nicht gebunden. (2Tim 2,9); Der Auftrag der Kirche, in welchem ihre Freiheit gründet, besteht darin, an Christi Statt und also im Dienst seines eigenen Wortes und Werkes durch Predigt und Sakrament die Botschaft von der freien Gnade Gottes auszurichten an alles Volk. Wir verwerfen die falsche Lehre, als könne die Kirche in menschlicher Selbstherrlichkeit das Wort und Werk des Herrn in den Dienst irgendwelcher eigenmächtig gewählter Wünsche, Zwecke und Pläne stellen.», https://www.ekd.de/Barmer-Theologische-Erklarung-Thesen-11296.htm [abgerufen am 06.08.2018].

[27] https://www.ekd.de/Barmer-Theologische-Erklarung-Thesen-11296.htm [abgerufen am 06.08.2018], S. 4.

Zuordnungsmodell und der synodalen Verfasstheit gründet im Kern im Allgemeinen Priestertum.[28] So hält zum Beispiel die St. Galler Kirchenordnung fest: «Jedes Gemeindeglied ist im Sinne des allgemeinen Priestertums aufgerufen, mit Rat, Tat und Fürbitte an der gegenseitigen Verantwortung mitzutragen.»[29]

Trotz der Kirchenordnungen und trotz guter Vorsätze seitens der Kirchenleitungen und Pfarrpersonen sollte die Spannung zwischen den bestehenden Hierarchien und der Ermächtigung der Gemeindeglieder nicht unterschätzt werden. Gerade die zu beobachtende Professionalisierung und Angebotsorientierung innerhalb der Landeskirchen ist für eine theologische Ermächtigung des Allgemeinen Priestertums nicht dienlich. Es besteht eine Diskrepanz zwischen der Rede vom Allgemeinen Priestertum und der Praxis in Landeskirchen und Kirchgemeinden.

So wird sowohl auf landeskirchlicher als auch auf parochialer Ebene kaum vom Allgemeinen Priestertum gesprochen und implizit wird dieses auf (diakonische) Aktivitäten und Tätigkeiten beschränkt. Die theologisch-anthropologische Dimension von *martyria* und *missio*, die der christlichen Existenz des Allgemeinen Priestertums innewohnt, geht dadurch verloren. Der in reformierten Kirchen gebräuchliche Terminus für alle freiwilligen (unbezahlten) Tätigkeiten ist «Freiwilligenarbeit». Und die in Kirchgemeinden engagierten Menschen sind «Freiwillige». Mit dieser Veränderung der Begrifflichkeit passen sich die reformierten Kirchen anderen sozial-karitativen Organisationen an und die geleistete Arbeit wird beispielsweise zeitlich messbar und zum sozialen Kapital.

Freiwilligenarbeit – das soziale Kapital

Der Begriff «soziales Kapital» geht u. a. auf Bourdieu zurück. Bourdieu unterscheidet zwischen ökonomischem, kulturellem und sozialem Kapital. Das soziale Kapital umfasst gemäss Bourdieu die «Gesamtheit der aktuellen und potenziellen Ressourcen, die mit dem Besitz eines dauerhaften Netzes von mehr oder weniger institutionalisierten Beziehungen gegenseitigen Kennens und

---

[28] Vgl. z. B. KUNZ, Ralph und SCHLAG, Thomas: «Gemeindeautonomie und Zuordnungsmodell in reformierter Perspektive. Kirchentheoretische Orientierungen und Folgerungen für die kirchenleitende Praxis», in KRAUS, Dieter (Hg.): Schweizerisches Jahrbuch für Kirchenrecht. Bd. 22, New Aufl., S. 1. Peter Lang AG, Internationaler Verlag der Wissenschaften 2018, S. 71–117.

[29] «175.11 – Kirchenordnung der evangelisch-reformierten Kirche des Kantons St. Gallen», https://www.gesetzessammlung.sg.ch/frontend/versions/1527/embedded_version_content [abgerufen am 06.08.2018].

Anerkennens verbunden sind; oder, anders ausgedrückt, es handelt sich dabei um Ressourcen, die auf der Zugehörigkeit zu einer Gruppe beruhen.»[30] Wird innerhalb von Kirche von sozialem Kapital gesprochen, dient dies, wie bei anderen Institutionen oder gesellschaftlichen Klassen auch, der Festigung des gesellschaftlichen Status.

Freiwilligenarbeit – eine Definition

Zu einem grundsätzlichen Verständnis von Freiwilligenarbeit, Ehrenamt, Volunteering, usw. ist folgende Definition hilfreich: «Freie gemeinnützige Tätigkeit umfasst unbezahlte, selbst oder institutionell organisierte, sozial ausgerichtete Arbeit; gemeint ist ein persönliches, gemeinnütziges Engagement, das mit einem regelmässigen, projekt- oder eventbezogenen Zeitaufwand verbunden ist, prinzipiell auch von einer anderen Person ausgeführt und potenziell auch bezahlt werden könnte.»[31] Umfang und Entwicklung der Freiwilligenarbeit werden in der Schweiz unter anderem im Freiwilligenmonitor und in Deutschland im Freiwilligensurvey erfasst.[32] Alter, Bildung, Wohnort und Herkunft haben einen Einfluss auf die Bereitschaft, sich freiwillig zu engagieren. Bei Personen mit einem Hochschulabschluss (33 %) ist sie fast doppelt so hoch wie bei Personen, die nach der Schulpflicht keinen weiteren Bildungsabschluss erworben haben (16 %).[33]

Beweggründe für Freiwilligenarbeit

Die in der Gesellschaft immer noch hohe Bereitschaft, sich freiwillig zu engagieren, kann mit unterschiedlichen Faktoren erklärt werden. Da Freiwilligenarbeit nicht der Existenzsicherung dient, müssen ihr andere Motivationsquellen zugrunde liegen. Grundsätzlich verstehen viele ihre Freiwilligenarbeit als gelebte Solidarität. Spezifisch an dieser Tätigkeit ist, dass sie nicht ausgeübt werden muss, sie ist freiwillig und deshalb auch nicht finanziell motiviert. In

---

[30] BOURDIEU, Pierre: *«Ökonomisches Kapital – Kulturelles Kapital – Soziales Kapital»*, in: KRECKEL, Reinhard (Hg.): Soziale Ungleichheiten (Sozialen Welt, Sonderband 2), Göttingen: Schwartz 1983, S. 183–198, hier S. 191.
[31] WEHNER, Theo und GÜNTERT, Stefan T.: Psychologie der Freiwilligenarbeit: Motivation, Gestaltung und Organisation, Berlin/Heidelberg: Springer 2015, S. 3.
[32] Vgl. «Freiwilligenmonitor – SGG», https://sgg-ssup.ch/de/freiwilligenmonitor.html [abgerufen am 08.08.2018]; SIMONSON, Julia (Hg.): Freiwilliges Engagement in Deutschland : der Deutsche Freiwilligensurvey 2014, Wiesbaden: Springer Fachmedien Wiesbaden 2017 (Empirische Studien zum bürgerschaftlichen Engagement).
[33] Vgl. WEHNER/GÜNTERT: Psychologie der Freiwilligenarbeit, S. 10.

der Freiwilligenarbeit ist die Handlungsfähigkeit und die persönliche Wirkungsmacht erhöht, denn die Tätigkeit basiert auf selbst gewählten und freiwilligen Handlungen im Gegensatz zur existenzsichernden Arbeit. Hannah Arendt bezeichnet dies als «Handeln». Gemäss Arendt tritt im Handeln die Pluralität und Unterschiedlichkeit des Menschen zutage, in Beziehung und Begegnung. Zudem liegt dieser freiwilligen Handlung Würde zugrunde.[34]

Freiwillige treten für das ein, was ihnen wichtig ist, was sie teilweise auch existenziell betrifft.[35] So geht es letztlich in der Freiwilligenarbeit auch «um mit Aristoteles zu sprechen – um Glück im Sinne eines ‹gelungenen Lebens›, um das wir uns täglich neu bemühen müssen und durch das die Gesellschaft ihren Sinn erlangt. [...] Erwerbsarbeit ist nur das ‹halbe Leben›, während die Freiwilligentätigkeit zum Leben gehört – ‹Sie passt zu mir›. Die Sinnfrage wird dabei in der Erwerbsarbeit eher vermieden, während sie in der Freiwilligenarbeit spontan angesprochen wird, auch wenn die Bedeutung den Personen nicht ohne weiteres zugänglich ist, sondern implizit bleibt [...]»[36]

Freiwillige als Thema von Kirche und Kirchenentwicklung

Dass Freiwillige Thema von Kirchenentwicklung sind, ist ein neueres Phänomen, das theologisch aber bis heute noch nicht ausreichend behandelt ist.[37] Gleichzeitig wird die Freiwilligenarbeit aber von Kirchenverbänden und Landeskirchen als Kennzeichen von Kirche definiert. So formuliert der Schweizerische Evangelische Kirchenbund SEK: «Freiwilliges Engagement ist ein Kennzeichen von Kirche und Diakonie.»[38] Beispielhaft wird dies auch in einer Stellung-

---

[34] Vgl. ARENDT, Hannah: Vita activa oder Vom tätigen Leben, 3. Aufl., München/Berlin/Zürich: Piper Taschenbuch 2005, S. 17. 213.
[35] Das Eintreten für das, was existenziell betrifft, ist in Tillichs Worten «ultimate concern» wiederum nahe an einem wie auch immer gearteten Glaubens- und Gottesbegriff. Vgl. TILLICH, Paul: Dynamics of Faith, New York: HarperOne 1957, S. 1f.
[36] Vgl. WEHNER/GÜNTERT: Psychologie der Freiwilligenarbeit, S. 19f.
[37] So gibt es in den Onlineausgaben der TRE und der RGG bis heute keinen Artikel zu «Freiwilligen» bzw. «Freiwilligenarbeit»: «Theologische Realenzyklopädie Online», https://www.degruyter.com/databasecontent [abgerufen am 08.08.2018]; Digitale Bibliothek 012: RGG Religion in Geschichte und Gegenwart, 3. Aufl., Mohr Siebeck 2004; Eine gelungene theologische Erörterung über die Chancen und Herausforderungen bietet das 2017 erschienene Buch von Hofmann und Coenen-Marx. COENEN-MARX, Cornelia u. a.: Symfonie – Drama – Powerplay: Zum Zusammenspiel von Haupt- und Ehrenamt in der Kirche, Stuttgart: Kohlhammer W., GmbH 2017.
[38] «Freiwilligenarbeit», https://www.kirchenbund.ch/de/themen/freiwilligenarbeit [abgerufen am 22.08.2018].

nahme der katholischen Kirche der Stadt Luzern sichtbar. Sie gesteht der Freiwilligenarbeit eine zentrale Stellung zu und verbindet sogar die Glaubwürdigkeit der Kirche mit dieser: «Freiwillige machen die Kirche glaubwürdig.»[39]

In den Debatten um kirchliche Erneuerung in Deutschland hat das Thema Freiwilligenarbeit eine prominente Stellung. So wurde es beispielsweise im 2006 erschienenen EKD-Papier «Kirche der Freiheit» aufgenommen. Darin wird das freiwillige Engagement als «Kraftquelle» der evangelischen Kirchen bezeichnet, das von Hauptamtlichen gefördert werden muss.[40]

In der Schweiz waren 2016 rund 19.5 % der Bevölkerung im Rahmen institutionalisierter Freiwilligenarbeit tätig.[41] Die Menschen engagieren sich in Sport- und Kulturvereinen, sozial-karitativen und kirchlichen Institutionen. Bei den kirchlichen Institutionen zeigen sich folgende Zahlen: 3,6 % der Frauen und 2.1 % der Männer arbeiten freiwillig mit.

Die Freiwilligenarbeit ist das soziale Kapital der Landeskirchen und dient gleichzeitig als Legitimation, wenn die Kirchensteuer und ihre gesellschaftlichen und staatlichen Rechte begründet und verteidigt werden. Kirchliche Praxis ist nicht ohne Freiwilligenarbeit zu denken und zu leben, wie beispielsweise bei der Evangelisch-reformierten Kirche des Kantons St. Gallen zu lesen ist: «Die freiwillig engagierten Menschen machen die Kirchgemeinden farbiger und lebendiger. Sie durchwirken das kirchliche Leben und bereichern die kirchlichen Angebote.»[42] Das Gleiche wird auch in neueren Studien zur Konfirmandenarbeit ersichtlich.[43] Dennoch muss dieses Interesse an Freiwilligkeit in der Kirche auch als Krisenphänomen aufgrund der kleiner werdenden Ressourcen eingeschätzt werden.

---

[39] «Freiwillige», https://www.kathluzern.ch/engagement/freiwillig-im-einsatz.html [abgerufen am 07.08.2018].
[40] Vgl. «Kirche der Freiheit», S. 67f.
[41] «Freiwilligenarbeit», https://www.bfs.admin.ch/bfs/de/home/statistiken/arbeit-erwerb/unbezahlte-arbeit/freiwilligenarbeit.html [abgerufen am 22.02.2018].
[42] Empfehlung des Kirchenrates zur Freiwilligenarbeit in der Kirchgemeinde, «Freiwilligenarbeit – ein Gewinn für alle», https://www.ref-sg.ch/freiwilligenarbeit.html [abgerufen am 08.08.2018].
[43] Vgl. dazu z. B. auch KOCH, Muriel und SCHLAG, Thomas: «Results from Switzerland», in: SCHWEITZER, Friedrich u. a. (Hg.): Konfirmandenarbeit erforschen und gestalten: Confirmation, Faith, and Volunteerism: A Longitudinal Study on Protestant Adolescents in the Transition towards Adulthood. European Perspectives, Gütersloh: Gütersloher Verlagshaus 2017, S. 151–161.

Verhältnisbestimmung von Freiwilligenarbeit und Allgemeinem Priestertum

In einer meiner Vorlesungen hat ein Student ein hilfreiches Fazit zum Verhältnis von Allgemeinem Priestertum und Freiwilligenarbeit gezogen: «Allgemeines Priestertum und Freiwilligenarbeit unterscheiden sich nur insofern, als Freiwilligenarbeit der aktive Ausdruck dessen ist, was das ‹Allgemeine Priestertum› beschreibt.»[44] Freiwilligenarbeit ist aktiver Ausdruck des Allgemeinen Priestertums, aber nur dann, wenn dabei die theologische Funktion von Priesterinnen und Priester, nämlich ihr selbstständiges «vor Gott treten» und ihre theologische Sprachfähigkeit, nicht vernachlässigt wird.

Festzuhalten ist, dass in der Kirche wie auch in der Gesellschaft Freiwilligenarbeit ein zentrales Thema ist. Allerdings muss die Freiwilligenarbeit innerhalb der Kirche, anders als bei anderen sozial-karitativen Tätigkeiten, als geistliches Moment verstanden werden, das sich in den Themenfeldern Theologie und Allgemeines Priestertum bewegt. Denn das Selbstverständnis und Selbstbewusstsein verändert sich, wenn die freiwillige «Aufgabe» darin gesehen wird, Theologie zu treiben und zu leben.

Verhältnisbestimmung zwischen Allgemeinem Priestertum und ordiniertem Amt

Wenn Freiwilligenarbeit ein aktiver Ausdruck dessen ist, was das Allgemeine Priestertum beschreibt, muss sie als Dienst am Evangelium, als praktizierter Glaube und auch als Gelebte Theologie[45] verstanden werden. Im Kern gründet die Tätigkeit im christlichen Menschenbild, der Gottebenbildlichkeit (Gen 1,27) und Rechtfertigung in Christus. Sie basiert darauf, angenommen und würdig zu sein und dies geht jeglicher Tätigkeit und Leistung voraus.[46]

So sind *alle* Christinnen und Christen in gleicher Weise bevollmächtigt, einander das Evangelium durch Wort, Sakrament und Taten zu bezeugen und in Gebet und Fürbitte «einander Priester [zu] sein»[47]. Dies führt so weit, dass in der reformatorischen Lehre folgende Überzeugung grundlegend wurde:

---

44 «Goldberg_Freiwillig Kirche-HS17-ohneAdresse.pdf», https://www.theologie.uzh.ch/dam/jcr:2a94beb2-777a-427e-8&lb-0dff22168a60/Goldberg_Freiwillig%20Kirche-HS17-ohneAdresse.pdf [abgerufen am 08.08.2018], S. 8.
45 Im nächsten Kapitel wird eingehend auf den Begriff «Gelebte Theologie» eingegangen.
46 Vgl. SCHWEITZER, Friedrich: «Bildung», in: KUNZ, Ralph und SCHLAG, Thomas (Hg.): Handbuch für Kirchen- und Gemeindeentwicklung, 1. Aufl., Neukirchen-Vluyn: Neukirchener Theologie 2014, S. 253–250, hier S. 254.
47 Vgl. HÄRLE/GOERTZ: «Priester/Priestertum», S. 409.

«Die Gültigkeit und Wirksamkeit der Sakramente hängt überhaupt nicht von der menschlichen Qualifikation dessen ab, der sie darreicht (ihre Wirksamkeit hängt aber vom Glauben dessen ab, der sie empfängt).»[48]

Das ordinierte Amt als öffentliche Beauftragung

So stellt das ordinierte Amt auch keinen Widerspruch zum oder eine Einschränkung des Allgemeinen Priestertums dar.[49] Das ordinierte Amt entspricht vielmehr einer institutionellen Beauftragung zur öffentlichen Ausübung gewisser Dienste innerhalb der Institution Kirche. Das ordinierte Amt ist die Beauftragung geeigneter Menschen für die *öffentliche* Verkündigung des Evangeliums und Darreichung der Sakramente innerhalb der Kirche.[50] Die Ämter gehören zu den Kennzeichen sichtbarer Kirche. Zudem soll das ordinierte Amt dem Schutz der Institution und Schutz der Kommunikation des Evangeliums in der Kirche dienen.

Das Allgemeine Priestertum ist kein Propagandaprogramm gegen die Ordinierten und deren vermeintliche Vormachtstellung, wie gelegentlich behauptet wird.[51] Durch eine solche Entwürdigung des Pfarramts wird das Priestertum aller Glaubenden nicht gestärkt. Das ordinierte Amt steht im Dienst des Priestertums aller Glaubenden, es ist ein verliehenes Amt und die Ordination hat «primär den Charakter einer Übertragung von Befugnissen und entsprechenden Pflichten»[52]. Die erworbene Qualifikation für die Ausübung des ordinierten Amts muss deshalb als eine Berufung im Sinn einer intellektuellen und sozialen Eignung angesehen werden. Mit ihr verbunden ist der Anspruch, dass die ordinierte Person den kirchlichen Auftrag reflektiert und in hermeneutischer Verantwortung ausüben kann.[53] Ordinierte sind keine besonderen Würdenträger, und sie unterscheiden sich im Bezug auf ihre Würde nicht von anderen Menschen.

---

[48] Ebd.
[49] Vgl. HÄRLE: Dogmatik, S. 585.
[50] Vgl. ebd.
[51] Vgl. z. B. JAKOB, Samuel: «Reformierte Gemeindeleitung – Das Zürcher ‹Zuordnungsmodell›» 2014 (SJKR 19), S. 47–62, hier S. 47.
[52] HÄRLE: Dogmatik, S. 586.
[53] Vgl. a.a.O., S. 587.

Das Allgemeine Priestertum als Würdebegriff

Werden durch Ämter oder Ordination spezielle Würdenträgerinnen und -träger geschaffen, impliziert das schon die Entwürdigung der Einzelnen und des Allgemeinen Priestertums. Die Würde wohnt der «königlichen Priesterschaft» immer schon inne, unabhängig von Fähigkeit und Bildung. Sie erfährt ihren besonderen Ausdruck im Selbstverständnis und der Sprachfähigkeit der Glaubenden. Alle Glaubenden sind berufen und beauftragt, im Dienst des Evangeliums zu stehen. Wie sich dies praktisch äussert, ist immer von der Person, den Begabungen und dem Kontext abhängig.

Im Gemeindealltag ist zu beobachten, dass theologische Sprachunfähigkeit und das fehlende Bewusstsein, Priesterin oder Priester zu sein, zu Scham und Sprachlosigkeit führen. Dem entgegenzuwirken und ein gleichberechtigtes, würdigendes Umfeld zu schaffen, gehört zum Herzstück pastoraltheologischer Aufgaben.

Ist der Kern des kirchlichen Auftrags die Kommunikation des Evangeliums,[54] so ist die primäre Aufgabe des ordinierten Amts, dies zu fördern, indem die Allgemeinen Priesterinnen und Priester in ihrem alltäglichen Dienst am Evangelium gefördert werden. Dies ist um so notwendiger, als die Verlockung, die Verantwortung für die Kommunikation des Evangeliums der ordinierten Person zu übertragen, immerzu da ist.[55] Es ist eine besondere Herausforderung, das Allgemeine Priestertum im Rahmen von Gemeinde und Kirche aufrecht zu erhalten. Gelingen kann dies vorwiegend dann, wenn das Priestertum aller Glaubenden als Teil der Nachfolge Christi angesehen wird.[56]

Als Hypothese sei deshalb formuliert, dass die theologische Sprachlosigkeit des Allgemeinen Priestertums auch mit der Ignoranz gegenüber der Nachfolgethematik in den deutschsprachigen Landes- und Kantonalkirchen zusammenhängt.

---

[54] Die Kommunikation des Evangeliums verweist einerseits auf ein dialogisches Grundverständnis in der Selbstmitteilung des Christentums, und andererseits wird damit auf die Vielfalt der Kommunikationsmodi innerhalb wie ausserhalb der kirchlichen Gestalt des Christentums verwiesen. Vgl. GRETHLEIN, Christian: Praktische Theologie, Berlin/Boston: De Gruyter 2012, S. 1–11.

[55] Vgl. KUNZ, Ralph: «Zur Notwendigkeit einer Theologie des Laientums und zu den Chancen und Stolpersteinen der gemeinsamen Verantwortung in Gemeinde und Kirche», in: KUNZ, Ralph und ZEINDLER, Matthias (Hg.): Alle sind gefragt: Priestertum aller Gläubigen heute, Zürich: Theologischer Verlag Zürich 2018, S. 29–52, hier S. 37.

[56] ASMUSSEN, Hans: Das Priestertum aller Gläubigen, Stuttgart: Quell-Verl. 1946, S. 8.

Nachfolge als zentraler Begriff des Allgemeinen Priestertums

Gnade und Rechtfertigung als reformatorisch-theologische Grundsignaturen stehen in den protestantischen Kirchen der Schweiz, wie in vielen evangelischen Kirchen, im Zentrum. Eine Kirche, welche die Nachfolgethematik konzeptionell betont, gerät unter den Generalverdacht, pietistisch-evangelikal geprägt zu sein oder geistliche Hierarchien und *primi inter pares* zu generieren.

In einer Gesellschaft, in der die Menschen vorwiegend Mitglieder einer Kirche waren und diesen Werten und Normen zustimmten, überrascht es nicht, dass Nachfolge kein zentrales Thema war. Doch in einer spätmodernen Gesellschaft, in der die Pluralisierung von Lebensstilen weiterhin zunimmt, in der Kirchen über ihren Bedeutungs- und Mitgliederverlust klagen und in der das Wissen um die Inhalte des Christentums sinkt, ist es grundlegend, diesen Themenkomplex zu reflektieren. Denn im Neuen Testament, in der christlichen Tradition, und auch im Zusammenhang der Rede vom Allgemeinen Priestertum nahm die Frage der Nachfolge immer eine wesentliche Stellung ein.[57]

Nachfolge als Suchbewegung

Grundsätzlich ist Nachfolge nicht ein bestimmtes (theologisches) Programm, sondern ein Lebens- und Glaubensweg, der eine Suchbewegung der Allgemeinen Priesterinnen und Priester umschreibt. Das Priestertum ist den Glaubenden zwar schon gegeben, muss aber auch täglich neu ergriffen und gestaltet werden.

Mit Nachfolge wird ein diskursoffener Veränderungsprozess beschrieben, der mit dem historischen Jesus, mit der Würde der Gottebenbildlichkeit, und auch mit dem Selbstbewusstsein, Priesterin oder Priester zu sein, verbunden ist. Hinter dem Begriff steckt der Versuch, einen christlichen Such- und Lernprozess zu beschreiben, bei dem biografische Gegebenheiten, Kontexte und Lebenssituationen berücksichtigt werden, der aber für den Menschen immer

---

[57] Als Beispiel sei hier verwiesen auf die Vor- und die Wirkungsgeschichte von BONHOEFFER, Dietrich: Nachfolge, Bd. 4, hg. v. Tödt, Ilse und Kuske, Martin, 3. Aufl., Gütersloh: Chr. Kaiser Verlag 2002.

auch unverfügbar bleibt.⁵⁸ Gleichzeitig liegt aber genau in dieser Unverfügbarkeit auch seine Stärke. Besonders die Fresh-Expressions-Bewegung⁵⁹ propagiert einen Nachfolgebegriff, der im Kontext des Alltags steht. In diesem Nachfolgeverständnis soll die Transformation der eigenen Person eine Veränderung in Gesellschaft, Kirche, Nachbarschaft und Freundschaften bewirken. Es geht dabei darum, dass das Evangelium in der Welt erfahrbar und erlebbar wird: «growing people spiritually in discipleship, in the likeness of Christ, so active, working out the Gospel in the world and therefore, it should have a real outward looking element, it should be serving the community in a serious way.»⁶⁰

Nachfolge und theologische Sprachfähigkeit

Die soeben kurz skizzierte Debatte um den Nachfolgebegriff zeigt eine hohe Korrelation zwischen Verkündigung und dem Leben der einzelnen Personen. Die Plausibilität des Evangeliums wird an die kontextuell gelebte Authentizität der individuellen Nachfolge und des individuellen Seins der Priesterinnen und Priester gebunden.

Grundsätzlich wird innerhalb der Debatte um den Nachfolgebegriff das Priestertum aller Glaubenden ernst genommen und unter anderem soll die theologische Sprachfähigkeit gefördert werden. Es wäre deshalb wünschenswert, wenn der konkrete Umgang mit dem Thema der Nachfolge, sowohl praktisch in den Kirchgemeinden als auch in der theoretischen Reflexion an Universitäten, aufmerksam, kritisch und wohlwollend begleitet würde. Ein Zusammenspiel von Glaubenspraxis und praktischer Beobachtung, Gelebter Theologie und theologischer Reflexion ist hier besonders fruchtbar.⁶¹ Gerade

---

[58] In Brownings Worten: «God is always finally the agent of transformation.» Vgl. BROWNING, Don: Fundamental Practical Theology: Descriptive and Strategic Proposals, Minneapolis: Fortress Press 1996, S. 279.

[59] Vgl. u. a. MÜLLER, Sabrina: Fresh Expressions of Church – Beobachtungen und Interpretationen einer neuen kirchlichen Bewegung, Zürich: Theologischer Verlag Zürich 2016; CRAY, Graham u. a.: Mission-shaped Church: church planting and fresh expressions of church in a changing context, London: Church House 2004; MOYNAGH, Michael: Church for Every Context: An Introduction to Theology and Practice, London: SCM Press 2012.

[60] MÜLLER: Fresh Expressions of Church, S. 221; Vgl. auch WILLIAMS, Rowan: Being Disciples: Essentials of the Christian Life, Grand Rapids, Michigan: William B Eerdman Co 2016, S. 16–18.

[61] Vgl. MÜLLER, Sabrina: ‹Discipleship – Eine kirchentheoretische Grundfigur in der Spannung von Bekenntnisorientierung und Deutungsoffenheit», in: Praktische Theologie 53/1 (2018), S. 34–37.

in einer pluralistischen Gesellschaft muss im Diskurs um Nachfolge und Allgemeines Priestertum ein besonderes Augenmerk auf den gesellschaftlichen Gegebenheiten liegen.

Allgemeines Priestertum und der individualisierte Mensch

Die veränderten Lebensumstände verändern auch die (religiöse) Erfahrungswelt und Identität der Menschen. Die Pluralisierung von Lebensstilen nimmt weiter zu.[62] Dies führt dazu, dass Identitäts- und Sinnfindung immer mehr zur persönlichen Orientierungsleistung wird, die auf individueller Erfahrung basiert[63] und nicht durch externe religiöse oder soziale Autoritäten gegeben ist. Identität unterliegt dadurch einem kontinuierlichen Konstruktionsprozess und ist eine stetige persönliche Evaluationsleistung von Selbsterkenntnis und Selbstgestaltung.[64] So argumentiert Little: «jeder Mensch sei eine Art Wissenschaftler, der Hypothesen über Personen, Objekte und Ereignisse im Leben aktiv prüfe, bestätige und revidiere.»[65] Erfahrungen bilden dabei das Fundament, auf dem ein Gefühl von Kontinuität entsteht. Dabei ist die empfundene Identität: «das subjektive Empfinden seiner eigenen Situation und seiner eigenen Kontinuität und Eigenart, das ein Individuum allmählich als ein Resultat seiner verschiedenen sozialen Erfahrungen erwirbt»[66]. Zygmunt Baumann bezeichnete diese Veränderungen des *mindset* und *lifestyle*

---

[62] Vgl. WOODHEAD, Linda: «Introduction», in: WOODHEAD, Linda und CATTO, Rebecca (Hg.): Religion and Change in Modern Britain, London/New York: Taylor & Francis Ltd 2012, S. 1–33, hier S. 1ff.
[63] Diese Einsicht ist nicht neu und wurde schon in den 1980er-Jahren von Beck formuliert. Vgl. BECK, Ulrich: «Jenseits von Stand und Klasse? Soziale Ungleichheiten, gesellschaftliche Individualisierungsprozesse und die Entstehung neuer sozialer Formationen und Identitäten», in: KRECKEL, Reinhard (Hg.): Soziale Ungleichheiten. Soziale Welt, Sonderband 2, Göttingen: Schwartz 1983, S. 35–74.
[64] Vgl. OERTER, Rolf und MONTADA, Leo: Entwicklungspsychologie, 5. Aufl., Weinheim: Beltz PVU 2002, S. 292.
[65] LITTLE, Brian: Mein Ich, die anderen und wir: Die Psychologie der Persönlichkeit und die Kunst des Wohlbefindens, übers. v. WIESE, Martina, Berlin/Heidelberg: Springer Spektrum 2015, S. 7.
[66] GOFFMAN, Erving: Stigma: Über Techniken der Bewältigung beschädigter Identität, übers. v. HAUG, Frigga, Frankfurt a. M.: Suhrkamp Verlag 2010, S. 132.

als Prozess von einem modernen zu einem reflexiven modernen Lebensentwurf.⁶⁷

Sozialstruktureller Wandel und der Wandel der Persönlichkeitsstruktur korrelieren in hohem Masse miteinander. Dies führt dazu, dass auch die religiöse Erfahrungswelt des Individuums durch Individualisierung, Pluralisierung und Urbanisierung verändert und geprägt wird. 1939 wurde dieser Prozess der Interdependenz schon von Norbert Elias dargestellt. Seine Definition von Zivilisierung führt den langfristigen Wandel von Persönlichkeitsstrukturen auf Veränderungen von Sozialstrukturen zurück.⁶⁸ So werden im Zug der Individualisierung Glaubensüberzeugungen und Religiosität sowohl personalisiert (Gott wird personales Gegenüber) als auch von individuellen Erfahrungen abhängig gemacht.⁶⁹ Die *Big Questions*⁷⁰ werden so nicht mehr durch einen Sozialverband oder durch Sippenstrukturen beantwortet. Das Individuum ist selbst für die Beantwortung dieser Fragen zuständig und somit auch dafür, seinem Leben Richtung zu geben und ihm Sinn zu verleihen.

Auch junge Menschen sind von dieser Aufgabe nicht ausgenommen, sie müssen ihre Erlebnisse sinnstiftend deuten und allenfalls mit dem Attribut religiös versehen.⁷¹

Theologische Mündigkeit

«Der religiöse Flaneur», wie ihn der Soziologe und Philosoph Zygmunt Baumann zum Alltagsbegriff seiner Gesellschaftsanalyse macht, verlangt nach einer

---

⁶⁷ JUNGE, Matthias und KRON, Thomas: Zygmunt Bauman: Soziologie zwischen Postmoderne, Ethik und Gegenwartsdiagnose, 3. Aufl., Wiesbaden: VS Verlag für Sozialwissenschaften 2014, S. 6–10.
⁶⁸ Vgl. ELIAS, Norbert: Über den Prozess der Zivilisation. Soziogenetische und psychogenetische Untersuchungen, Bd. 1: Wandlungen des Verhaltens in den weltlichen Oberschichten des Abendlandes, 30. Aufl., Frankfurt a. M.: Suhrkamp Verlag 2010.
⁶⁹ Vgl. BERGER: The Many Altars of Modernity, Toward a Paradigm for Religion in a Pluralist Age, Berlin, Boston: De Gruyter 2014.
⁷⁰ Zu den *Big Questions* gehören Fragen wie: Was ist? Woher kommen wir? Was ist gut und was ist böse? Wohin gehen wir? Wie sollen wir handeln? Vgl. TAVES, Ann: «Finding and Articulating Meaning in Secular Experience», in: RIEGEL, Ulrich, LEVEN, Eva-Maria und FLEMING, Daniel (Hg.): Religious Experience and Experiencing Religion in Religious Education, 1. Aufl., Münster/New York: Waxmann Verlag GmbH 2018, S. 13–22, hier S. 15.
⁷¹ Diese Tatsache ist auch in der noch unveröffentlichten Dissertation von Muriel Koch zu sehen: Religiöse Selbstwahrnehmung und Selbstbeschreibung bei Jugendlichen. Konfirmandinnen und Konfirmanden als sprachliche Subjekte religiöser Identifizierungspraxis. Besonders im Kapitel «Erfahrung eigener und anderer Subjektivität im Glauben».

ebenso lebensnahen wie religionskulturell glaubhaften «Rechtfertigung seiner Lebensgeschichten»[72]. Der Flaneur lebt im Moment, er sucht weder nach einem widerspruchsfreien noch nach einer zusammenhängenden Lebensstrategie[73], er sucht seine religiöse Vergewisserung zu seiner Zeit und im Vorübergehen.[74] Aus praktisch-theologischer Sicht hat Henning Luther unter der Überschrift «Identität und Fragment» einen wichtigen Beitrag zum Verständnis des individualisierten Menschen geschaffen: «Blickt man jedoch auf menschliches Leben insgesamt, d. h. sowohl in seiner zeitlichen Erstreckung als auch in seiner inhaltlichen Breite, so scheint mir einzig der Begriff des Fragments als angemessene Beschreibung legitim.»[75]

Diese Veränderungen in den Fokus zu nehmen, ist nicht nur massgebend für eine akkurate Beschreibung der Gesellschaft und der Individuen, sondern auch, um die religiöse Erfahrungswelt der Menschen zu verstehen. Zudem kommen darin wesentliche Aspekte zum Vorschein, wie der spätmoderne Mensch Glauben und Theologie konstruiert und allenfalls frei gewählt sein Christsein lebt.

Im Horizont der gesellschaftlichen Veränderungen ist es nicht einfach zu erkennen, wo sich der Gedanke des Allgemeinen Priestertums mit dem spätmodernen Flaneur noch verbinden lässt. Einige Anknüpfungspunkte scheinen aber doch naheliegend zu sein: Durch die Stärkung des Gedankens des Allgemeinen Priestertums in der Reformation wurde die Verantwortung für die persönliche Religiosität der einzelnen Person übertragen. Ihr wurde zugetraut, die Bibel selbst zu lesen und zu verstehen. Sie wurde unabhängig von priesterlichen Mittlerfiguren und ist nun selbst dazu in der Lage, das eigene Leben im Horizont Gottes zu deuten.

Die damals geforderte theologische Mündigkeit ist heute durch die Individualisierung gegeben.[76] Auch die damals geforderte Wirkungsmacht im Umgang mit der persönlichen Religiosität ist jetzt gegeben und kann jederzeit vom

---

[72] Vgl. KLIE, Thomas: «Kasualgemeinde», in: KUNZ, Ralph und SCHLAG, Thomas (Hg.): Handbuch für Kirchen- und Gemeindeentwicklung, 1. Aufl., Neukirchen-Vluyn: Neukirchener Theologie 2014, S. 281–287, hier S. 284.
[73] Vgl. BAUMAN, Zygmunt: Flaneure, Spieler und Touristen. Essays zu postmodernen Lebensformen, 1. Aufl., Hamburg: Hamburger Edition 2006, S. 148.
[74] Vgl. KLIE: «Kasualgemeinde», S. 285.
[75] LUTHER, Henning: Religion und Alltag: Bausteine zu einer Praktischen Theologie des Subjekts, Stuttgart: Radius 1992, S. 168.
[76] Wobei nicht übersehen werden darf, dass die gesellschaftliche Freiheit und Individualisierung nicht automatisch zu einem verantwortungsbewussten Umgang mit der persönlichen Religiosität führt und auch nicht unbedingt theologische Sprachfähigkeit und Mündigkeit hervorbringt.

Individuum ergriffen werden. Allgemeine Priesterinnen und Priester können dadurch auch zu Theologinnen und Theologen werden. Des Weiteren ist mit Mündigkeit auch Würde verbunden: Die Würde des Menschen an sich im eigenständigen Vor-Gott-Sein, aber auch die Würde, dass die im Alltag konstruierte, gelebte und manchmal geteilte Theologie des Priestertums aller Glaubenden kirchlich und praktisch-theologisch durchaus eben als Theologie ernst zu nehmen ist. Es ist die alltägliche, Gelebte Theologie, in der die eigentlichen Glaubenskonstruktionen der Menschen zum Vorschein kommen.

Gleichzeitig ist nicht zu übersehen, dass die theologische und religiöse Sprachfähigkeit in den Kirchgemeinden und in der Bevölkerung im Allgemeinen nur beschränkt vorhanden ist.

Dennoch ist die Theologieproduktivität der Allgemeinen Priesterinnen und Priester nicht zu unterschätzen und verändert die Bedeutung und Aufgabe pastoralen Handelns.[77] Im Alltag, in Beruf und Freizeit und in Kirchgemeinden wird die alltägliche Theologie häufig implizit gelebt. Im Gegensatz dazu ist zu beobachten, dass Gelebte Theologie im Internet in den sozialen Medien expliziter konstruiert und öffentlich diskutiert wird.[78] Die Genese dieser alltäglich gelebten, fragmentarischen Theologie und ihre Beschaffenheit werden im nächsten Kapitel erörtert

---

[77] Vgl. GRETHLEIN: Praktische Theologie, S. 5.
[78] Genauere Erörterungen dazu folgen im Kapitel: Die Öffentlichkeit Gelebter Theologie – digital und analog.

Religiöse Erfahrung und die Genese Gelebter Theologie

Der Begriff alltägliche oder eben Gelebte Theologie hat bis jetzt im deutschsprachigen Raum wenig Verbreitung gefunden und Personen in der Praxis begegnen ihm nur selten.[79] Dennoch sind es Hauptamtliche in der Kirche, die mit der Gelebten Theologie anderer wohl am meisten konfrontiert werden und häufig auch ihre eigene Form dieser Theologie einbringen. Zusätzlich dazu ist ein grosser Zuwachs an Produktion und Konstruktion von Gelebter Theologie zu beobachten, die partizipativ entsteht und sich in kurzer Zeit verbreitet.[80] Dies ist vorwiegend in digitalen sozialen Netzwerken und auf Online-Plattformen zu beobachten. Was sich dabei zeigt, ist, dass die Konstruktion von Theologie nicht mehr länger nur die Aufgabe und das Privileg von Pfarrpersonen, Kirchenleitenden und theologischen Fakultäten ist.

Doch welche Form von Theologie bringt das heutige Allgemeine Priestertum ein? Wie entsteht diese Theologie und woraus besteht sie? Wie stark hängt die Genese von solchen Theologien mit dem alltäglichen Leben zusammen? Und welche Rolle spielen persönliche religiöse Erfahrungen bei der individuellen Konstruktion von alltäglicher Theologie?

In diesem Kapitel wird die Entstehung von Gelebter Theologie im virtuellen und physischen Raum erörtert. Grundsätzlich ist die Forschung in diesem Bereich, vor allem im deutschsprachigen Kontext, noch nicht weit fortgeschritten, so versteht sich diese Erörterung mehr als Annäherung an ein Phänomen, denn als abgeschlossener Diskurs.

Gelebte Theologie – eine Begriffsbestimmung

Im deutschsprachigen Raum existiert kein fester Begriff, der die alltägliche, erfahrene, produzierte und gelebte Theologie vom Allgemeinen Priestertum beschreibt.

---

[79] Eine Ausnahme bildet da das DFG-Projekt «Gelebte Theologie im Friedens- und Versöhnungsprozess Ruandas» von der katholischen Universität des Saarlandes. Wobei hier das «gelebte», aber nicht das «alltägliche» der Theologie im Zentrum steht. DFG-Projekt «Gelebte Theologie», in: Katholische Theologie, Universität des Saarlandes (20.09.2016), https://www.uni-saarland.de/fachrichtung/kath-theologie/dfg-projekt-gelebte-theologie.html [abgerufen am 22.08.2018].
[80] Vgl. GRETHLEIN: Praktische Theologie, S. 5.

Im angelsächsischen Raum wird der «gelebten» Alltagstheologie von Menschen schon länger mehr Beachtung geschenkt. Hier wurde u. a. die Konzeption von Jeff Astley und Carles Salazar stark gemacht. Wobei Jeff Astley als Vorreiter gilt und die Wortkomposition *ordinary theology*[81] geschaffen hat. Im Gegensatz dazu arbeitet Salazar mit der Bezeichnung *popular religion*[82]. Pete Ward hat in jüngster Zeit versucht, verschiedene angelsächsische Diskurse zusammenzufassen. Für den Vergleich von *lived religion*, *ordinary theology*, und *The Four Theological Voices* schlägt Ward die Bezeichnung *lived theology*[83], die von Charles Marsh et. al. stammt, vor.[84]

Gelebte Theologie in Abgrenzung zu gelebter Religion

Im Gegensatz dazu gibt es schon länger einen breiten Diskurs um *lived religion* – gelebte Religion. Der Begriff hat im deutschsprachigen Raum beispielsweise durch Heimbrock und Dinter, Grötzinger und Pfleiderer sowie Gräb Verbreitung gefunden und auch eine Prägung erfahren.[85] Der Begriff «bezeichnet eine gemeinsame Suchhaltung und gerade nicht ein methodisch einheitliches, gemeinsames Programm»[86]. Allerdings steckt hinter der Programmatik der «Suchhaltung gelebter Religion» eine «Hinwendung der Theologie zu einer Theorie religiöser Lebenswelt, Alltagsreligion und Biografik, als

---

[81] ASTLEY, Jeff: Ordinary Theology: Looking, Listening and Learning in Theology, Farnham, Surrey: Ashgate Publishing Company 2002.
[82] Vgl. SALAZAR, Carles: «Believing Minds: Steps to an Ecology of Religious Ideas», in: RIEGEL, Ulrich, LEVEN, Eva-Maria und FLEMING, Daniel (Hg.): Religious Experience and Experiencing Religion in Religious Education, 1. Aufl., Münster/New York: Waxmann Verlag GmbH 2018, S. 23–42, hier S. 23.
[83] Wards Konzeption der *lived theology* wird in seinen Ausführungen nicht klar fassbar und besteht aus Konzepten, die ich hier aus einer deutschsprachigen Perspektive behandelt habe, deshalb gehe ich nicht vertieft darauf ein.
[84] Vgl. WARD, Pete: Introducing Practical Theology: Mission, Ministry, and the Life of the Church, Grand Rapids: Baker Academic 2017, 55-67.
[85] Vgl. z. B. DINTER, Astrid, HEIMBROCK, Hans-Günter und SÖDERBLOM, Kerstin (Hg.): Einführung in die Empirische Theologie: Gelebte Religion erforschen, Göttingen: UTB 2007; GRÖZINGER, Albrecht und PFLEIDERER, Georg (Hg.): «Gelebte Religion» als Programmbegriff Systematischer und Praktischer Theologie, Zürich: TVZ Theologischer Verlag 2002; GRÄB, Wilhelm: Religion als Deutung des Lebens: Perspektiven einer Praktischen Theologie gelebter Religion, Gütersloh: Gütersloher Verlagshaus 2006.
[86] GRÖZINGER/PFLEIDERER (Hg.): «Gelebte Religion» als Programmbegriff Systematischer und Praktischer Theologie, S. 7.

welche die Theorien gelebter Religion konkret ausgeführt [werden können]»[87]. Heimbrock geht in seiner Definition noch einen Schritt weiter, wenn er Gelebte Religion auf den «offenen Erfahrungsprozess im Alltag» bezieht. Weiter führt er aus: «Und es geht dabei speziell um den Versuch, mit der vorreflexiven Unmittelbarkeit und Vorvertrautheit solcher Erfahrungsprozesse in Berührung zu kommen.»[88] Die Autoren verweisen damit auf «alltägliche Erscheinungen» die vom Menschen als bedeutsam für sich und das eigene Leben eingestuft werden.[89] Die von Dinter und Heimbrock beschriebenen Ereignisse und Erfahrungen generieren Sinn im Leben des Individuums. Sie werden aber vom Menschen selbst (noch) nicht als explizit religiös eingestuft.[90]

Der in diesem Buch bevorzugt verwendete Begriff – Gelebte Theologie – knüpft auch an der Lebenswelt und Biografie des spätmodernen Menschen an. Er hat aber die spezifische Genese und Produktivität von Theologie im Blick. Das heisst religiöse und theologische Prozesse, die vom Individuum bewusst gestaltet und reflektiert werden, stehen im Fokus.

Gelebte Theologie in Abgrenzung zu gelebtem Glauben

Im Vergleich zur Gelebten Theologie ist der Begriff gelebter Glaube mit einer religiösen Programmatik verbunden. Das heisst, dass das Erfahrene oder Geglaubte vom Individuum klar dem Religiösen zugeordnet wird. Allerdings fehlt dem gelebten Glauben das explizit reflexive, kritische und produktive Element, das der Gelebten Theologie innewohnt. Zudem findet sich die Begrifflichkeit gelebter Glaube häufig in Literaturkategorien zur Lebenshilfe, Lebensberatung und christlichen oder anderen religiösen Zeugnisberichten.[91]

Der hier kreierte Begriff Gelebte Theologie beinhaltet aber auch noch etwas anderes als der Glaube allein. Er beschreibt über den Glauben eines religiösen Menschen hinaus auch das kritische Moment der Zweifel und Fragen,

---

[87] PFLEIDERER, Georg: «‹Gelebte Religion› – Notizen zu einem Theoriephänomen», in GRÖZINGER, Albrecht und Georg PFLEIDERER (Hg.): «Gelebte Religion» als Programmbegriff Systematischer und Praktischer Theologie, Zürich: TVZ Theologischer Verlag 2002. S. 23–42, hier S. 32.
[88] DINTER/HEIMBROCK/SÖDERBLOM (Hg.): Einführung in die Empirische Theologie, S. 73.
[89] Ebd.
[90] Vgl. a.a.O., S. 74.
[91] Vgl. u. a. AUFATMEN. Das Magazin zum Gott begegnen und authentisch leben, https://scm-bundes-verlag.ch/medien/lesen/aufatmen [abgerufen am 28.09.2018]; «Gelebter Glaube | Life Channel», https://lifechannel.ch/de/Glauben-entdecken/Gelebter-Glaube [abgerufen am 28.09.2018]; MEYER, Joyce: Wie man Gottes Reden hört: Erkennen Sie Gottes Stimme und treffen Sie die richtigen Entscheidungen, 3. Aufl., Hamburg: Joyce Meyer Ministries 2015.

die kognitive Suche nach Sinn und Wahrheit und Aspekte von Öffentlichkeit. Bewusst wird deshalb nicht von gelebtem Glauben, sondern von Gelebter Theologie gesprochen. Aus denselben Gründen wird beispielsweise auch nicht der von Mildenberger verwendete Ausdruck der «einfachen Gottesrede» verwendet. Denn nach Mildenberger soll durch die «einfache Gottesrede» die «Theologie von der Aufgabe, ihr Reden von Gott selbst bewahrheiten zu müssen» entlastet werden.[92] Die Gelebte Theologie der einzelnen Person hat aber meist ein persönliches Wahrheitsmoment und eine individuelle Normativität.[93]

Gelebte Theologie in Abgrenzung zur ordinary theology

Es wäre auch eine Möglichkeit gewesen, den von Astley geprägten Begriff *ordinary theology* möglichst genau zu übersetzen. Dieser lässt unterschiedliche Interpretationen zu, so wären «Alltagstheologie», «Gewöhnliche Theologie» oder «Normale Theologie» Optionen gewesen. Da die hier erarbeitete Definition jedoch noch weiter reicht als Astleys Begriffsbestimmung, wurde auf eine Übersetzung des Begriffs verzichtet und mit Gelebter Theologie eine eigene Bezeichnung geschaffen.

Dies aus folgenden Gründen: Gemäss Astley ist *ordinary theology* eine Bezeichnung für den Glauben und den Prozess des Glaubens, der Ausdruck findet im *God-talk* von Glaubenden, die keine theologische Ausbildung absolviert haben: «Ordinary theology is my term for the theological beliefs and processes of believing that find expression in the God-talk of those believers who have received no scholarly theological education.»[94]

Der erste Teil von Astleys Definition leuchtet ein. Er wählt eine prozessorientierte Annäherung an das Phänomen, indem er die theologischen Glaubenseinstellungen und das Zustandekommen bzw. das Weiterentwickeln von Glauben auf einer reflexiven Ebene an den Anfang stellt.

Der zweite Teil von Astleys Definition übersieht zwei wesentliche Aspekte. Zum einen reduziert Astley die *ordinary theology* auf den *God-talk*, also auf den Sprechakt über religiöse Überzeugungen. Und zum anderen wird die *ordinary theology* zum Eigentum von Laien gemacht.

Wenn in der Definition die *ordinary theology* auf den Akt des Sprechens reduziert wird, schliesst dies die handlungsorientierten, diakonischen und auch

---

[92] MILDENBERGER, Friedrich: Biblische Dogmatik: Ökonomie als Theologie, Stuttgart: W. Kohlhammer 1992 (Biblische Dogmatik: eine biblische Theologie in dogmatischer Perspektive), S. 15.
[93] Vgl. das Kapitel: Genese religiöser Erfahrung.
[94] FRANCIS, Leslie J. und ASTLEY, Jeff (Hg.): Exploring Ordinary Theology. Everyday Christian Believing and the Church Farnham, Surrey, UK; Burlington, VT: Ashgate 2013, S. 1.

die künstlerischen Ebenen aus. Natürlich ist dem Terminus *theologia* eigen, dass er durch seinen Wortstamm von *theos* und *logos* die Lehre und Rede von Gott im Fokus hat. Dennoch wurde schon im Alten und Neuen Testament Theologie durch Gesänge (Psalmen), Symbolhandlungen, diakonische Dienste usw. betrieben. Wenn Theologie der Akt ist, der den *theos* in der Welt öffentlich sichtbar macht, sollte auch das Treiben und Betreiben von *ordinary theology* nicht auf den Sprechakt reduziert werden.

Wird die *ordinary theology* zum Merkmal von Laien, wohnt ihr eine starke bildungsidealistische Perspektive inne. Astleys Grundbestimmung geht davon aus, dass *ordinary theology* die Theologie ist, die Menschen treiben, die nicht Theologie studiert haben. Doch die Theologie, die im Leben Ausdruck findet, lässt sich nicht, wie in Astleys Definition, auf Menschen reduzieren, die nicht Theologie studiert haben, sondern betrifft jeden Menschen, der sich innerhalb des christlichen Sinnsystems bewegt. Indem Astley die *ordinary theology* zum Eigentum von nicht wissenschaftlich ausgebildeten Menschen macht, ignoriert er, dass trotz theologischer Bildung die persönlich konstruierte Gelebte Theologie auch wesentlicher Bestandteil der in einem kirchlichen Anstellungsverhältnis stehenden (ordinierten) Personen ist. Astley erwähnt zwar, dass auch akademisch ausgebildete Theologinnen und Theologen eine *ordinary theology* haben, verwurzelt aber gleichzeitig seine Programmatik nur bei den «Laien». Im deutschen Sprachraum wäre der Begriff «Laientheologie», der ab und zu für die Theologie des Allgemeinen Priestertums verwendet wird[95], eine Analogie zur *ordinary theology*.

Der Begriff Gelebte Theologie hebt diese Reduktion auf, indem er diese Form von Theologie im Leben des ganzen ordinierten und nichtordinierten Allgemeinen Priestertums verortet.

In den hier vorgelegten Reflexionen wird die These vertreten, dass die Gelebte Theologie alle Personen betrifft und dass auch akademisch ausgebildete Theologinnen und Theologen davon nicht ausgeschlossen sind. Deshalb ist in diesem Diskurs eine Trennung zwischen der Theologie der Laien und derjenigen der ordinierten Personen nicht hilfreich.

Gelebte Theologie in Analogie zur popular theology

Ähnlich wie Astley argumentiert auch Salazar, wobei seine Definition offener ist und am nächsten bei der hier verwendeten Begrifflichkeit Gelebte Theologie liegt. Nach Salazar gehört Religion zu den kulturellen Phänomenen und

---

[95] Vgl. KUNZ: «Zur Notwendigkeit einer Theologie des Laientums».

kann so unterschiedliche Ausprägungen und Formen annehmen. Salazar unterscheidet zuerst einmal zwei Formen, die *erudite* und die *popular* Theologie.[96] Erstere ist vorwiegend das Werk von studierten Theologinnen und Theologen, die im wissenschaftlichen Diskurs sehr elaborierte Formen annehmen kann. Ihre Aufgabe ist sowohl die Forschung, Bewahrung, als auch die kontextualisierte Reflexion von christlicher Überlieferung, Tradition und gelebter religiöser Praxis. Demgegenüber steht die *popular theology*. Sie ist geprägt vom Lebenssystem, der Erfahrungswelt, der Kultur und dem Kontext der Menschen. Verglichen wird sie mit Sprache, Sexualität oder Verwandtschaft: «Popular religion is in this sense analogous to language, sexuality or kinship.»[97] Sie wird vom Individuum aus bewussten und unbewussten Prozessen immer wieder erschaffen. Bewährtes, Sicheres und Lebensdienliches wird beibehalten, andere Inhalte überdacht bzw. durch Erfahrung neu konstruiert.

Definition von Gelebter Theologie

Die Gelebte Theologie betrifft alle, auch Akademikerinnen und Akademiker. Sie ist die essenzielle und existenzielle Theologie des Individuums. Zudem ist diese Form der Theologie auch diejenige, die häufig das kirchliche Leben formt und die Ausrichtung der Kirchgemeinden bestimmt.

Die Begrifflichkeit Gelebte Theologie, mit der hier gearbeitet wird, bezeichnet zwar das Theologisieren von Menschen, reduziert dessen Form aber nicht auf eine Tätigkeit wie beispielsweise das Sprechen oder Denken, sondern integriert auch andere Ausdrucksformen wie etwa Kunst und Musik.

Gelebte Theologie beschreibt ein Phänomen, das sich in der Praxis manifestiert. Der Begriff steht für die, zumeist persönlich konstruierten, im Alltag integrierten, gewöhnlichen christlichen Theologien des individualisierten Menschen. Gemeint ist eine erfahrene und erfahrbare Theologie, eine, die sich im Leben bewähren muss und die dadurch durchaus viele pragmatische Anteile aufweist. Integriert in die Begrifflichkeit sind sowohl die privaten Glaubensüberzeugungen, die in irgendeiner Form Ausdruck finden, als auch die gelebte (und reflektierte) Glaubenspraxis. So ist die Gestalt dieser Theologie nie Antwortsicherheit, «sondern fragende Existenz zwischen Anfechtung und Gewissheit»[98].

---

[96] Vgl. SALAZAR: «Believing Minds: Steps to an Ecology of Religious Ideas», S. 23.
[97] Ebd.
[98] LUTHER: Religion und Alltag, S. 23.

Diese Form der Theologie ist eine prozessuale Theologie, die auf persönlichen und gemeinschaftlichen (Kontingenz-)Erfahrungen beruht und einem Wandel der Lebensumstände und des Kontexts unterworfen ist.[99] Der Terminus beschreibt ein Phänomen, das sich in der Praxis manifestiert und zum Lebensvollzug und der Erfahrungswelt des Individuums passt: «ordinary theology in some sense ‹works› for those who own it. It fits their life experience and gives meaning to, and expresses the meaning they find within their own lives.»[100] Diese Begriffsbestimmung muss noch mit folgendem Punkt ergänzt werden, damit der ganze Bedeutungshorizont Gelebter Theologie im Blick ist: Religiöse Erfahrung und gelebter Glaube wird dann zur Theologie, wenn sie in irgendeiner Form Ausdruck findet, wenn sie ein öffentliches Moment bekommt und so zumindest theoretisch diskursoffen und -fähig ist.

> Gelebte Theologie gründet in der Erfahrungswelt und Lebensrealität der Menschen. Sie wird dann zur Theologie, wenn sie reflektierten Ausdruck findet und auf öffentliche Resonanz stösst.

Gelebte Theologie gründet in der persönlichen Erfahrung der Menschen. Eine hilfreiche Verhältnisbestimmung von Gelebter Theologie und Erfahrung nahm der systematische Theologe Paul Tillich vor. Deshalb dienen seine Gedanken als theologisches Gerüst für die Diskussion, wie aus Erlebnissen zuerst religiöse Erfahrung wird und daraus dann Gelebte Theologie entsteht.

Verhältnisbestimmung von Gelebter Theologie und Erfahrung

Tillichs Reflexionen handelten schon vor bald 50 Jahren vom Verhältnis von Theologie und Erfahrung. Auch heute sind sie noch relevant für das Verhältnis von Gelebter Theologie und Erfahrungen.

Gelebte Theologie entsteht an unterschiedlichsten Orten, manifestiert sich digital und analog und unabhängig von Denominationen. Dennoch liegt ihr gemeinsames Moment der Entstehung in der Erfahrung. Tillich wurde nicht müde zu betonen, dass Theologie in Erfahrung gründet und daraus ihre Legitimation

---

[99] Vgl. GREEN, Laurie: Let's Do Theology: Resources for Contextual Theology, 2. Aufl., London/New York: Mowbray 2009, S. 3ff.

[100] ASTLEY, Jeff: «The Analysis, Investigation and Application of Ordinary Theology», in: FRANCIS, Leslie J. und Jeff ASTLEY (Hg.): Exploring Ordinary Theology. Everyday Christian Believing and the Church, Farnham, Surrey, UK/Burlington, VT: Ashgate 2013, S. 1–9, hier S. 2.

bezieht: «The sources of systematic theology can be sources only for one who participates in them, that is through experience.»[101]

Theologie und religiöse Erfahrung sind zutiefst miteinander verbunden und ineinander verwoben. Ohne religiöse Erfahrung fehlt der Theologie ihr Objekt des Theologisierens. Ohne Theologie bleibt die religiöse Erfahrung ohne Interpretation sich selbst überlassen bzw. ohne Gegenüber.

Die kontextuelle Aufgabe der Theologie

Damit Theologie jedoch diese von ihr verlangte Interpretationsleistung vollbringen kann, muss sie die Spannung zwischen zwei Polen aufrechterhalten können. Sie muss Referenzsystem der historischen christlichen Botschaft und gleichzeitig dessen Interpretation für die Gegenwart sein: «the statement of the truth of the Christian message and the interpretation of this truth of every new generation.»[102] Theologie ist deshalb der methodische Zugriff auf die Inhalte des christlichen Glaubens: «the methodical explanation of the contents of the Christian faith.»[103] Damit die Theologie ihrer Aufgabe gerecht werden kann, muss sie sich auf die aktuelle Kultur, den Kontext und sogar auf individuelle Lebensumstände von Gruppen und Einzelnen beziehen können: «The task of theology […] is mediation between the eternal criterion of truth as it is manifest in the picture of Jesus as the Christ and the changing experiences of individuals and groups, their varying questions, and their categories of perceiving reality.»[104] Zusätzlich dazu hat Theologie eine individuell anthropologische sinnstiftende Funktion inne: «theology deals with the meaning of being for us.»[105] Tillich grenzt sich hierbei von einer kerygmatischen Theologie ab,[106] identifi-

---

[101] TILLICH, Paul: Systematic Theology, Volume 1, Chicago: University of Chicago Press 1973, S. 46.
[102] A.a.O., 3; Interessanterweise bestehen zwischen Tillichs Definition von Theologie und dem Vorwort des Ordinationsgelübdes der Church of England grosse Parallelen. Die ordinierten Pfarrerinnen und Pfarrer der Church of England versprechen gerade diesen zweifachen spezifischen Balanceakt zwischen Tradition und Innovation in ihrem Amt zu erfüllen. Zusätzlich dazu fällt auf, dass gerade neuere ekklesiale und missionale Bewegungen, wie z. B. die Fresh Expressions Bewegung, an diesem Paradigma anknüpfen. Die ganze Ekklesiologie dieser Bewegungen richtet ihren Fokus und ihre Praxis auf diesen Balanceakt aus. Vgl. dazu MÜLLER: Fresh Expressions of Church, 83f. 181–184. 286–287 a.a.O. S. 3.
[103] A.a.O., S. 28.
[104] TILLICH, Paul: The Protestant Era, Chicago: University Of Chicago Press 1948, S. ix.
[105] TILLICH: Systematic Theology, Volume 1, S. 21.
[106] Vgl. a.a.O., S. 4–8.

ziert sich jedoch mit einer apologetischen Theologie, die Antworten zur Verfügung stellt. Er hebt die Stärke dieses Zugangs hervor: «Apologetic theology is ‹answering theology›.»[107] Dabei führt er auch die Frage aus, auf welche die apologetische Theologie antwortet und verortet diese situationsbezogen: «It answers the questions implied in the situation in the power of the eternal message and with the means provided by the situation whose questions it answers.»[108]

Damit die apologetische Theologie weder ihre Wahrheit und Sprache in der gegenwärtigen Situation verliert noch in eine kulturelle Irrelevanz verfällt, bietet sich das Korrelationsprinzip als gangbarer Weg an.[109] In seinem Korrelationsprinzip versucht Tillich, situative Fragen mit den impliziten Antworten der christlichen Botschaft wie auch menschliche Existenz und transzendente Aspekte in ein Verhältnis zu setzen: «The following system is an attempt to use the method of correlation as a way of uniting message and situation. It tries to correlate the questions implied in the situation with the answers implied in the message. [...] It correlates questions and answers, situation and message, human existence and divine manifestation.»[110]

Aufgrund der Korrelationsmethode[111] hat Tillichs systematisch theologisches Konzept seine Grundlage sowohl in der gegenwärtigen Kultur als auch in der religiösen Erfahrung. Denn in Tillichs Theologieverständnis formuliert Theologie die Fragen menschlicher Existenz, bemüht sich aber im gleichen Mass auch um Antworten: «Theology formulates the questions implied in human existence, and theology formulates the answers implied in divine self-manifestation under the guidance of the questions implied in human existence. [...] The answers implied in the event of revelation are meaningful only in so far as they are in correlation with questions concerning the whole of our existence, with existential questions.»[112]

---

[107] A.a.O., S. 6.
[108] Ebd.
[109] A.a.O., S. 6–8.
[110] A.a.O., S. 8.
[111] Vgl. a.a.O., S. 59–66. Tillich fasst seine Methode der Korrelation folgendermassen zusammen: «The method of correlation explains the contents of the Christian faith through existential questions and theological answers in mutual interdependence.» Dabei stehen drei korrelierende Themenfelder im Zentrum: «The first meaning of correlation refers to the central problem of religious knowledge [...] The second meaning of correlation determines the statements about God and the world [...] The third meaning of correlation qualifies the divine-human relationship within religious experience.»
[112] A.a.O., S. 61.

Problematisch dabei ist, dass Theologie fragt und gleichzeitig antwortet. Die Programmatik könnte so unter Umständen in einer einseitigen deduktiven Normativität verhaftet bleiben. In der Genese religiöser Erfahrungen zeigt sich jedoch, dass die Funktion der Theologie für eine Bestimmung der Erfahrung als *religiös* entscheidend ist.[113]

Genese religiöser Erfahrung

Gemäss Tillich sind existenzielle menschliche Fragen und Erfahrungen *das* essenzielle Gegenüber der Theologie, mit dem sie sich zwingend zu beschäftigen hat. Bei genauerer Betrachtung erhalten die Erfahrungen, die als Objekte der Theologie angesehen werden, zwei Spezifikationen. Tillich verweist auf Fragen und Erfahrungen, die existenziellen und sinnstiftenden Charakter haben und religiös sind.[114] Diese führen nicht in Leere und Sinnlosigkeit, sondern gründen im Mut zum Sein, also «in dem Gott, der erscheint, wenn Gott in der Angst des Zweifels untergegangen ist»[115].

Tillichs Erörterungen zum Gottesbegriff und dem menschlichen Sein gründen in der Überzeugung, dass der Gegenstand von Theologie in den Symbolen religiöser Erfahrung zu finden ist: «The object of theology is found in the symbols of religious experience.»[116]

Sinnliche Erlebnisse als Nährboden religiöser Erfahrung

Religiöse Erfahrungen und Gelebte Theologie sind beim spätmodernen Menschen eng miteinander verbunden.[117] Sowohl der persönliche Glaube als auch die individuell Gelebte Theologie wird aus den Bausteinen der persönlichen Erlebnisse und externen Impulse konstruiert: «Religion wird sinnlich wahrnehmbar, wird sichtbar.»[118]

---

[113] Vgl. das nächste Kapitel: Genese religiöser Erfahrung.
[114] Vgl. STENGER, Mary Ann: «Faith (and religion)», in: MANNING, Russell R. (Hg.): The Cambridge Companion to Paul Tillich, Cambridge: Cambridge University Press 2009, S. 91–104, hier S. 103.
[115] TILLICH, Paul und DANZ, Christian: Der Mut zum Sein, 2. Aufl., De Gruyter 1991, S. 139.
[116] TILLICH, Paul: «Theology and Symbolism», in: JOHNSON, F. Ernest (Hg.): Religious Symbolism, New York: Harper and Brothers 1955, S. 108.
[117] Die deutsche Sprache unterscheidet, anders als das Englische «experience», zwischen dem «Erleben/Erlebnis» und der «Erfahrung» der Menschen. Erfahrung bezeichnet die Summe von praktischen Erkenntnissen aus dem Erlebten.
[118] FAILING, Wolf-Eckart und HEIMBROCK, Hans-Günter: Gelebte Religion wahrnehmen. Lebenswelt – Alltagskultur – Religionspraxis, Stuttgart: Kohlhammer, GmbH 1998, S. 248.

Diese sinnliche Ebene zeigt sich nicht nur in der heutigen Zeit, sondern ist auch biblisch und historisch zu beobachten. Hierbei sei beispielsweise auf die Jakobsleiter in Genesis 28, die Frau am Brunnen in Johannes 4, das Damaskuserlebnis von Paulus in der Apostelgeschichte 9 und im Brief an die Galater 1, das Turmerlebnis von Martin Luther oder auch auf Bonhoeffers Reflexionen und Gedichte[119] im Gefängnis hingewiesen.

Religiöse Erfahrung ist ein sehr persönliches Thema. Gleichzeitig ist das Wissen und die Bildung um religiöse Traditionen und Deutungsmöglichkeiten gering. Insbesondere junge Menschen können häufig nicht auf ein vorgeformtes religiöses Narrativ zurückgreifen. Und religiöse Erfahrungen passieren nicht automatisch an kirchlichen Orten. So kann ein Klassenzimmer, das Wohnzimmer, ein Youtube-Video, ein Konzert, ein Chatroom, die Bergwelt, ein Spitalaufenthalt oder ein Lagerfeuer zu einer religiösen Erfahrung werden.[120]

Die religiösen Erfahrungen sind subjektiv, was aber den individuellen Wahrheitsgehalt für die einzelne Person nicht schmälert.

Finden religiöse Erlebnisse in einem alltäglichen Setting statt, sind sie viel schwieriger zu versprachlichen. Denn die Sprache kirchlicher Inszenierung ist für junge Menschen nicht zugänglich. Zudem unterliegen diese Erlebnisse keiner bewussten, durch das Setting gegebenen, Hermeneutik.

Ursachen für eine religiöse Deutung alltäglicher Erlebnisse

Wie kommen aber diese religiösen Erfahrungen, welche die Basis der Gelebten Theologie bilden, zustande? Warum sind gewisse Erlebnisse nachhaltig lebensprägend und andere nicht? In qualitativen Erhebungen für mein Habilitationsprojekt[121] haben sich drei Aktionsebenen und fünf bis sieben Qualitäten

---

[119] Vgl. z. B. BONHOEFFER, Dietrich: «Wer bin ich», https://www.dietrich-bonhoeffer.net/predigttext/wer-bin-ich/ [abgerufen am 12.08.2018].

[120] Vgl. dazu z. B. den #ReligiousExperience auf Twitter: «I'm still processing what it meant to finally see Beyoncé live in concert. Thank you @llovellin for the best birthday present a gal could ask for. #OTRII #religiousexperience»; «A gazillion thanks to the folks at Levon Helm Studios in Woodstock for letting me sneak in yesterday and play «I Shall Be Re-leased» on Richard Manuel's piano. #ReligiousExperience»; «When I die, bury me in the #Twombly room at @philamuseum #ReligiousExperience #CyTwombly #Philadel-phiaMuseumofArt» gesehen am 12.08.2018. Und vgl. auch u. a. GREEN: Let's Do Theology, S. 5.

[121] Die hier erwähnten Forschungsresultate finden sich aber auch in: MÜLLER, Sabrina: «How Ordinary Moments Become Religious Experiences. A Process-Related Practical Theological Perspective», in: RIEGEL, Ulrich, LEVEN, Eva-Maria und FLEMING, Daniel (Hg.): *Religious Experience and Experiencing Religion in Religious Education*, Münster/New York: Waxmann Verlag GmbH 2018, S. 79–96.

herauskristallisiert, die unabdingbar dafür sind, dass etwas mit dem Attribut «religiös» versehen wird.

Die religiöse Erfahrung manifestiert sich häufig in alltäglichen Situationen. Dennoch schwebt sie nicht ungebunden im Raum. Ein wesentliches Merkmal ist aber, dass die Attribuierung des Religiösen nicht durch eine äussere Form, ein spezifisch kirchliches Setting oder eine bestimmte religiöse Praxis geschieht. Vielmehr zeigt sich das Spezifikum darin, dass die Erfahrung auf einen (religiösen) Resonanzraum trifft. Dieser entsteht zumeist unbewusst und wird aber durch drei (Aktions-)Ebenen geschaffen: kleine / grosse Kontingenzerfahrung; relationale religiöse Impulse; persönliche Suchbewegungen.

1. *Kontingenzerfahrung:* Erstaunlicherweise wird in allen bis jetzt erhobenen Datensätzen mit Menschen die Unverfügbarkeit des Lebens thematisiert. Das Erleben der prinzipiellen Offenheit und Unkontrollierbarkeit menschlicher Lebenserfahrung ist ein wesentlicher aktivierender Faktor. Das Erleben von Kontingenz ist bei den jungen Menschen divers und vielschichtig, so werden Zukunftsängste, alltägliche Überforderungen, Selbstzweifel, Infragestellung des Herkunfts- und Wertesystems, aber auch Scheidungs- und Krankheitssituationen, Verlustängste und psychische Probleme thematisiert.

2. *Relationale religiöse Impulse:* In jedem Fall haben Menschen, die von religiöser Erfahrung sprechen, irgendwoher religiöse Impulse, durch die sie sich direkt angesprochen fühlten, erhalten.[122] Externe religiöse Impulse stossen dabei auf einen Resonanzraum in der Biografie und/oder Emotionalität des Individuums. Diese Impulse sind nicht immer sofort ersichtlich und können sich je nach Kontext sehr unterscheiden. Die religiösen relationalen Impulse können u. a. von Fernsehprogrammen und -predigten, Musik, sozialen Medien, freundschaftlichen Beziehungen, Peers, Büchern, Seminaren, Pfarrpersonen oder familiärer Prägung stammen. Nicht zu unterschätzen sind auch die Impulse bei jungen Menschen, die von positiven Erfahrungen im Religions- und Konfirmationsunterricht herrühren. Explizite und implizite christliche Bildungsprozesse sind in allen Fällen zu beobachten. Die Impulse selbst sind divers und von der Person und Persönlichkeit abhängig, aber in allen Fällen haben sie eine mehr implizite als explizite Suchbewegung des Individuums unterstützt oder ausgelöst.

3. *Persönliche Suchbewegung:* Die persönliche Suchbewegung ist entscheidend für die Entstehung religiöser Erfahrung. Sie basiert auf einem aktiven Umgang mit Kontingenzerfahrungen und -situationen. In Krisen, bei

---

[122] Engagierte Gemeindeglieder beziehen diese häufig und wiederkehrend aus der Kirchgemeinde: aus ihrem Engagement, aus Freiwilligenanlässen und -schulungen, Kinder- oder Gemeindelager, Hauskreisen, Diskussionsgruppen, Migrationsarbeit und Gottesdiensten.

Fragen und in Ungewissheit ist bei Menschen mit religiösen Erfahrungen eine offene Erwartungshaltung zu beobachten. Diese kann, muss aber nicht, spezifisch auf ein göttliches Gegenüber ausgerichtet sein. Dennoch steht die Suchbewegung in der Erwartungshaltung, etwas Unverfügbares oder Transzendentes zu entdecken.

Die drei Aktionsebenen setzen sich also aus einem unverfügbaren (Kontingenz), einem relationalen (der/die Andere, Gott, Impulse von aussen …) und einem selbst-motivationalen Teil (Suchbewegung) zusammen. Spezifisch für alle Aktionsebenen ist, dass sie sich immer wieder und aus unterschiedlichen Perspektiven und Positionen auf die *Big Questions*[123] beziehen, diese aber immer mit dem persönlichen Sinnsystem abgleichen.

Die drei Aktionsebenen allein reichen allerdings noch nicht aus, damit ein Alltagserlebnis zu einem besonderen Erlebnis wird, das einem religiösen Sinnsystem zugeordnet werden kann. Obwohl die Erlebnisse durch ihre Subjekthaftigkeit gekennzeichnet sind, zeigen sich gemeinsame qualitative Faktoren in den Lebensgeschichten, die allen religiösen Erfahrungen gemeinsam sind. Analysiert man die einzelnen Definitionen und Aussagen zur religiösen Erfahrung systematisch, wird ersichtlich, dass sich fünf bis sieben Aspekte in den Erlebnissen regelmässig wiederholen:

- *Bedürfnisse:* Die religiösen Erlebnisse knüpfen an persönliche Bedürfnisse, Fragen und Nöte, also an die existenziellen Dimensionen des Lebens, an. Häufig werden im religiösen Alltagserlebnis existenzielle Bedürfnisse befriedigt und emotionale Nöte gestillt.
- *Gefühle*: Religiöse Erlebnisse haben immer auch emotionale und körperliche Komponenten. Keiner Alltagserfahrung wird das Attribut religiös zugeschrieben, wenn nicht auch Emotionen angestossen werden. So sprechen die Menschen davon, dass sie während des Erlebnisses eine Wärme gespürt, geweint, sich geliebt gefühlt haben, Hühnerhaut hatten, glücklich waren, sich aufgehoben fühlten usw.
- *Relationalität*: Religiöse Erlebnisse sind Beziehungserfahrungen. Sie werfen das Subjekt auf sich selbst zurück (Selbstbeziehung), werden aber durch andere Personen gefördert oder beeinflusst und stehen, in Hinsicht auf die Teilnehmenden, immer in einer Relation zu einer Rede von Transzendenz.
- *Das Heilige – Gott*: Religiösen Erfahrungen, die dem christlichen Sinnsystem zugeordnet werden, wohnt ein transzendenter Aspekt inne, sie

---

[123] Vgl. TAVES: «Finding and Articulating Meaning in Secular Experience», S. 15ff.

werden nicht ohne diesen Aspekt gedacht. Nur die Bezeichnungen für die Transzendenz variieren.

- *Intuitives Wissen*: Religiöse Erlebnisse bringen für das Subjekt einen Erkenntnisgewinn. Dabei geht es weniger um kognitives Fachwissen, vielmehr wird ein intuitiver Wissenszuwachs beschrieben, der sich nicht so einfach fassen lässt. Es hat sich gezeigt, dass Menschen sich bewusst sind, dass das intuitive Wissen subjektiv ist und sie persönlich betrifft. So gleicht das intuitive Wissen eher einer Gewissheit als einem Schulwissen. Es ist ein erfahrungsbasiertes Wissen, das zu Lebensüberzeugungen und Handlungsoptionen führt. Dieses Wissen hat eine starke Wirkung auf den Alltag. Es ist erlebtes und erfahrenes Wissen, das sich als lebensfördernd, lebensdienlich und brauchbar erwiesen hat und das lebensgestaltende Kraft freisetzt.

- *Auflösung von Begrenztheit und Handlungsunfähigkeit:* Religiöse Erfahrungen haben die Qualität, aus der eigenen Begrenztheit und Handlungsunfähigkeit hinauszuführen bzw. diese zu überwinden. Sie bieten Optionen, Einsichten, Antworten und Lösungen für interne und externe Konflikte und Antworten auf die *Big Questions*. Durch ein religiöses Erlebnis wird die Handlungsfähigkeit erhöht: die Personen nehmen kleinere oder grössere Veränderungen in ihrem Leben vor.

- *Veränderung:* Eine religiöse Erfahrung stösst Veränderung an, sie beinhaltet eine lebensverändernde Dimension und das persönliche Sinnsystem verändert sich. Die Veränderung beginnt bei der Person selbst, hat aber Auswirkungen auf das Umfeld, andere Menschen und auf die persönliche Weltsicht. So wird beispielsweise der Selbstwert gestärkt, eine Hoffnungsperspektive eröffnet und Toleranz gefördert.

Da die Prozesse auf den Aktionsebenen durch das Individuum nicht bewusst vorgenommen werden, obwohl das Aktivitätslevel hoch ist, ereignen sich die religiösen Alltagserlebnisse unerwartet und überraschend. Von der forschenden Aussenperspektive jedoch lassen sich prozessuale Typologien ausmachen, die das religiöse Reframing der Erlebnisse, zumindest teilweise, erwarten lassen.

Wenn die drei beschriebenen Aktionsebenen und die qualitativen Faktoren aufeinandertreffen, wird ein Resonanzraum geschaffen, in dem ein alltägliches Erlebnis transformiert werden kann und ein religiöses Reframing geschieht. Die Aktionsebenen laufen über eine längere Periode im Leben mit und können sich auch wiederholen und abwechseln. In bestimmten Situationen werden die Aktionen erhöht. Entsteht parallel dazu ein qualitativ dichter Moment, können Erlebnisse religiös gedeutet und im Verlauf der Zeit zur religiösen Erfahrung werden, auch wenn sie sich völlig ausserhalb traditioneller christlicher, kirchlicher oder familiärer Settings ereignen.

Konkrete Beispiele

Als Beispiel dienen hier folgende zwei Lebensgeschichten aus Gruppenbefragungen:

Abby ist eine 21-jährige Studentin. Sie studiert Wirtschaftswissenschaft und Russisch und lebt auf einem Universitätsgelände im Grossraum von Los Angeles. Abby ist in einer christlichen Familie aufgewachsen und ging mit ihrer Familie hie und da in eine Kirche. Seit Abby studiert und auf dem Universitätsgelände wohnt, ist sie kirchlich kaum mehr aktiv und auch nirgends mehr integriert. Abby fühlt sich schulisch sehr unter Druck und zweifelt immer wieder daran, ob das Studium wirklich das Richtige für sie ist. Zudem leidet sie schon mehrere Jahre an Bulimie und hat grosse Probleme mit ihrem Selbstbild und Selbstwert. Obwohl Abby ein geselliger und offener Mensch ist, spricht sie mit niemandem darüber und hat sich vor ihrer religiösen Erfahrung auch stark aus Beziehungen zurückgezogen. Abby erzählt, dass sie auf der Toilette daran war, sich zu erbrechen, als sich etwas ereignete: «But there was a moment in the bathroom where I realized that if I didn't stop, then I would die. So, I just called for help and cried. It was a voice in my head, like my body did not allow me to throw up again. As much as I tried, it wouldn't let me go. And I knew at that moment that it was a sign or something from God.» Aufgrund dieses Erlebnisses hat Abby begonnen, über ihre Probleme zu sprechen und startete eine Therapie. Als tragendes Element im ganzen Prozess erwähnte sie das Gebet.

Kristine (22) immigrierte als Kind mit ihrer Familie von Mexiko in die USA. Sie lebt in San Francisco, studiert in Los Angeles Französisch und Spanisch, befindet sich in einem Austauschsemester in Marokko. Nebst ihrem Schwerpunktstudium hat sie noch begonnen, Arabisch zu studieren und möchte nun sowohl ihre Arabisch- als auch ihre Französischkenntnisse verbessern. Ihre Kindheit war geprägt von den Terroranschlägen vom 11. September 2001. Sowohl in ihrer Schule als auch in ihrem Freundeskreis erlebt sie starke anti-islamische Haltungen. Kristine fühlt sich unter Druck, Position beziehen und verurteilen zu müssen. Erst als Kristine beginnt, Arabisch zu lernen, bekommt sie neue Einblicke in diesen Teil der Erde. Während des Austauschsemesters in Marokko wird ihr Bild durch ein bestimmtes Erlebnis nochmals verändert. Kristine sitzt mit einem muslimischen Freund im Zimmer, trinkt Tee und diskutiert. Der Freund spricht sie auf ihren christlichen Hintergrund an, nimmt den Koran und gibt ihr eine Stelle zu lesen, in der im Koran der Umgang mit dem Christentum thematisiert wird: «So, I think the religious experience is that I felt like a light – like I put a light here (Kristine points to drawing) I felt like a light had happened and I had recognized something. And I had seen Christian values in the Qur'an when I was reading it. So, I think that that's what my religious experience was and it really impacted me in the future to be more sensitive.»

Erkenntnisgewinn als Folge religiöser Erfahrung

Die Erlebnisse von Abby und Kristine sind nur in Bezug auf das Setting alltäglich. Von der Dichte und Qualität her sind es aber besondere Momente. Solche Momente stellen sich da ein, wo es eine Orientierungsnotwendigkeit gibt, teilweise auch da, wo eine Oase in der Wüste gebraucht wird. Salazar verwendet für diese Erfahrungen die Bezeichnung «belief in popular religiosity», der sich aus «cognitive, cultural and experiental factors» zusammensetzt.[124]

Obwohl die Erlebnisse eine situationsbezogene kulturelle und relationale Qualität haben, sind es doch individuelle Erfahrungen, über die nicht oder erst später gesprochen wird. Sie unterliegen der persönlichen Hermeneutik des Individuums, das natürlicherweise immer von Herkunft, Setting, Beziehungen und spezifischen Sinnsystemen geprägt ist. Dennoch sind diese Systeme eher Hilfsmittel für das Individuum in der Rekonstruktion seines Lebensentwurfs und seiner eigenen Normativität. So sind die Erfahrungen ganz etwas anderes als das, was als kirchliche Inszenierung bezeichnet werden könnte[125], da sie weder ausdrücklich noch beiläufig öffentliche Wirksamkeit entfalten, sondern im Privaten und Verborgenen geschehen.

Diese Beobachtungen geben Luckmann recht, dass Religiosität aus der Institution in die Privatsphäre verlagert wird.[126] Dieses Faktum erschwert es den Menschen aber auch, über ihre religiösen Erfahrungen zu sprechen.

Ungeachtet dessen, dass die meisten Menschen für ihre religiöse Erfahrung keinen allgemeinen Normativitätsanspruch erheben, weisen religiöse Erfahrungen aber eine starke persönliche Normativität auf. Dies zeigt sich beispielsweise daran, dass die Erfahrungen als Wissenszuwachs angesehen werden, anhand dessen gehandelt und Leben gestaltet wird. Diese Normativität wird

---

[124] Vgl. SALAZAR: «Believing Minds: Steps to an Ecology of Religious Ideas», S. 23f.
[125] Vgl. HERMELINK, Jan: Kirchliche Organisation und das Jenseits des Glaubens: Eine praktisch-theologische Theorie der evangelischen Kirche, Gütersloh: Gütersloher Verlagshaus 2011, S. 27–31.
[126] Vgl. LUCKMANN, Thomas: Die unsichtbare Religion, hg. v. KNOBLAUCH, Hubert, 8. Aufl., Frankfurt a. M.: Suhrkamp Verlag 1991.

jedoch persönlich konstruiert, auf der Basis neuer Erfahrungen weiterentwickelt und sie muss sich im alltäglichen, gelebten Dasein bewähren.[127]

Der aktive Umgang mit der Kontingenzerfahrung wird von einer Offenheit für das Unverfügbare geleitet und begleitet. Mit Troeltsch können solche religiösen Erfahrungen der Mystik zugeordnet werden, die sich durch ihre Innerlichkeit, Gegenwärtigkeit und Unmittelbarkeit auszeichnet.[128]

Exkurs:
Gedanken zum Religionsbegriff in Bezug auf christlich-religiöse Erfahrung

Da über den Begriff der religiösen Erfahrung seit James[129] vielfältig und fächerübergreifend reflektiert worden ist, sind die Definitionen und Bestimmungen divers. Zudem wird der Diskurs von allen anderen Disziplinen, aber weniger von der (Praktischen) Theologie bestimmt. So entsteht ein Dualismus, bei dem religiöse Erfahrung entweder als substanziell oder als funktional eingestuft wird. Eine praktisch-theologische Sicht auf die erlebten und durchlebten Definitionskriterien legen eine dritte Variante nahe. Denn ein rein substanzielles Religionsverständnis lässt sich, zumindest in den analysierten Lebensgeschichten junger Menschen, nicht verifizieren. Besonders die Betonung des individuellen Wahrheitscharakters zeigt einen geringen Normativitätsanspruch. Allerdings würde auch ein rein funktionaler Religionsbegriff, der beispielsweise die phänomenologischen Aspekte ausklammert, weder dem Transzendenzverständnis noch der Definition und den Qualitätskriterien gerecht werden. Ein rein funktionaler Zugang stellt die Dignität und die Qualität der Erfahrung gleichermassen infrage, trägt dem kreativ-interpretativen Prozess zu wenig Rechnung und führt zu «Einseitigkeit, wenn Religion auf ihre Leistung für das Subjekt oder die Gesellschaft beschränkt wird»[130]. Gennerich und

---

[127] Derselbe Prozess wird von Arnett mit «to think for themselves with regard to religious issues» umschrieben. Vgl. ARNETT, Jeffrey Jensen: Emerging Adulthood: The Winding Road from the Late Teens Through the Twenties, 2. Aufl., Oxford/New York: Oxford University Press 2014, S. 212ff.

[128] Vgl. TROELTSCH, Ernst: «Das stoisch-christliche Naturrecht und das moderne profane Naturrecht. In: Deutsche Gesellschaft für Soziologie (DGS), Verhandlungen des 1. Deutschen Soziologentages vom 19. bis 22. Oktober 1910 in Frankfurt a. M. Frankfurt», Frankfurt a. M.: Sauer u. Auvermann 1969, S. 166–192, hier S. 172.

[129] Vgl. JAMES, William: The Varieties of Religious Experience, CreateSpace Independent Publishing Platform 2013.

[130] STREIB, Heinz und GENNERICH, Carsten: Jugend und Religion: Bestandsaufnahmen, Analysen und Fallstudien zur Religiosität Jugendlicher, Weinheim: Beltz Juventa 2011, S. 17.

Streib schlagen als Alternative zu den beiden vorher genannten eine diskursive, interpretative Bestimmung des Phänomens vor.[131] Diese hat die Stärke, dass sie deutungsoffen und veränderbar ist. Von ihrer hermeneutischen Bestimmung des Menschen knüpft dies an Ricœur an. Der Mensch wird dabei als hermeneutisches Wesen verstanden, das immerzu darum bemüht ist, seine Erfahrungen zu interpretieren und sinnvoll zu deuten.[132] Diese Definition wird der Dignität der Erfahrung und der interpretativen Eigenleistung, die in der Gelebten Theologie sichtbar wird, gerecht.

Allerdings wird in dieser Bestimmung die Aktivität auf Interpretation reduziert und die Passivität sowie die Qualität der Erfahrung unterbestimmt. Die Bestimmung des Alltagserlebnisses als religiöse Erfahrung ist interpretative Eigenleistung. Die Aktionsebenen, die einen Resonanzraum schaffen, und die qualitativ dichten Momente jedoch bestehen aus Aktivem und Passivem. Eine religiöse Erfahrung, die im Alltagssetting verwurzelt ist, besteht aus einem unmittelbaren, qualitativ dichten Erlebnis, das auf einen religiös empfänglichen Resonanzraum und dessen Interpretation trifft. Der Resonanzraum wird aus den drei Aktionsebenen gebildet, gefüllt ist er mit dem, was das Individuum unbedingt und existenziell angeht und betrifft, in Tillichs Worten «ultimate concern»[133].

Eine religiöse Erfahrung kann so als Resonanzbeziehung[134] (Aktivität und Passivität) mit dem, was das Individuum unbedingt angeht (Qualität), interpretiert werden.

Aber was schafft denn diesen Resonanzraum, in dem das Individuum befähigt wird, seinen Alltag zu transzendieren und aus der fragmentarischen Existenz[135] kontextuelle Gelebte Theologie zu konstruieren?

Im biblischen Gleichnis des Sämanns, das alle drei Synoptiker (Mk 4,1–20; Mt 13,1–23; Lk 8,4–15) erzählen, wird genau dieser Frage nachgegangen. Bildhaft wird dargestellt, wie bei den Hörenden unter gewissen Bedingungen ein Resonanzraum für das Wort entsteht und der Same wächst und Frucht bringt. In anderen Situationen geschieht nichts, der Same verdorrt, es ist kein Resonanzboden für Wachstum vorhanden. In diesem Gleichnis kommt ein Teil

---

[131] Vgl. a.a.O., S. 14.
[132] Vgl. RICOEUR, Paul: Der Konflikt der Interpretationen: Ausgewählte Aufsätze, hg. v. CREUTZ, Daniel und Gander, Hans-Helmut, Freiburg, Br./München: Verlag Karl Alber 2010, S. 23–47.
[133] Vgl. TILLICH: Dynamics of Faith, S. 1.
[134] ROSA, Hartmut: Resonanz: Eine Soziologie der Weltbeziehung, 5. Aufl., Berlin: Suhrkamp Verlag 2016, S. 435f.
[135] Vgl. zum Begriff des Fragmentes: LUTHER: Religion und Alltag, S. 168.

der Unverfügbarkeit zur Sprache, die sowohl der religiösen Resonanzbeziehung als auch der Qualität von Erlebnissen innewohnt.

So werte ich, aus praktisch-theologischer Sicht, den Wahrheitsgehalt der religiösen Erfahrungen nicht, sondern ordne ihn mit Tillich in einen existenziellen Offenbarungshorizont ein: «Revelation is the manifestation of what concerns us ultimately. The mystery which is revealed is of ultimate concern to us because it is the ground of our being.»[136] Religiöse Erfahrung ist, was sie für das Individuum ist: eine qualitativ dichte Resonanzbeziehung, mit immanenten und transzendenten Aspekten.

In Anlehnung an Anselm von Canterbury (*fides quaerens intellectum*) und mit Blick auf das heutige Erfahrungsparadigma könnte von «religiöser Erfahrung, die nach Einsicht und Ausdruck sucht» gesprochen werden.

Wenn diese Erfahrung öffentlich zum Ausdruck kommt und konkrete, performative Gestalt annimmt, wird sie zur Gelebten Theologie.

---

[136] TILLICH: Systematic Theology, Volume 1, S. 110.

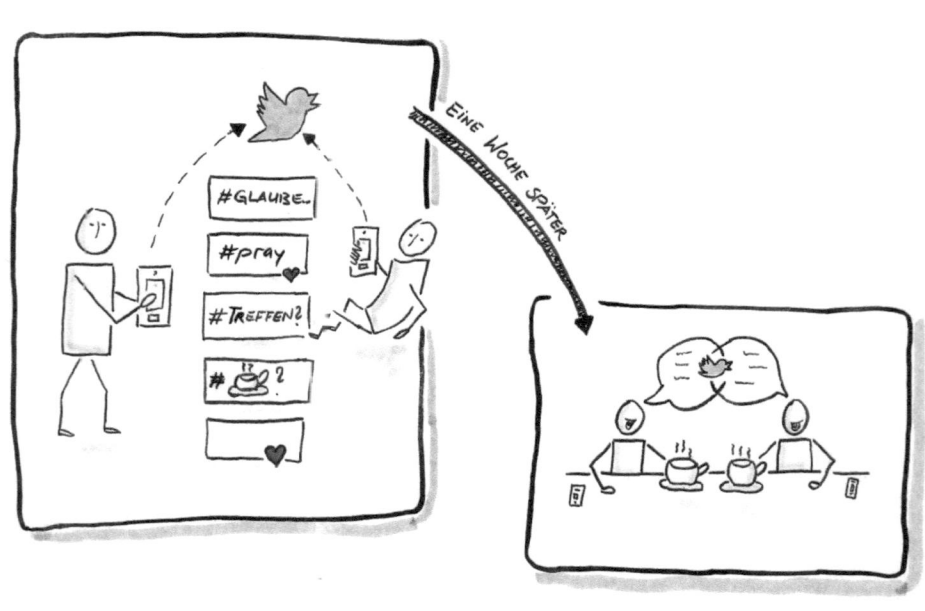

Die Öffentlichkeit Gelebter Theologie – digital und analog

Die soeben beschriebenen Prozesse von Individuen laufen nicht nur intuitiv, sondern auch reflexiv. Da, wo diese intuitiv-reflexiven Erfahrungen, wie auch immer geartet, Ausdruck finden, da entstehen Momente Gelebter Theologie. Etwas Innerliches, Erfahrenes und Privates wird zu etwas Öffentlichem, wird zu Theologie transformiert. Sobald die religiöse Erfahrung vom inneren Privaten in den öffentlichen Raum tritt und durch Kunst, Musik, Aktivitäten, Handlungen, Diskurse oder Worte, digital oder analog, Ausdruck findet und auf ein Gegenüber, einen Kontext oder einen (virtuellen) Raum einwirkt, entsteht Gelebte Theologie.

Ganz konkret wird religiöse Erfahrung also dann zur Gelebten Theologie, wenn diese über das Individuum hinaus auf einen Resonanzraum trifft.[137] Thomas Schlag erörtert den Begriff der «Öffentlichkeit» anhand des Organisationsgedankens und für die Kirchentheorie folgendermassen: «Wo immer eine bestimmte Organisation sich öffentlich präsentiert oder mit dem Anspruch der öffentlichen Einflussnahme agiert»[138] werden mehrere der folgenden Grunddimensionen und Teilaspekte erkennbar: In der Grunddimension des «Erscheinungsbilds» sind dies Sichtbarkeit, Profil und Raum; in der Grunddimension der «Praxis»: Kommunikation und Sprache, diskursive Interaktion und Partizipation; in der Grunddimension «Instanzen» sind Aspekte wie Legitimation, Macht und Autorität zentral; in der Grunddimension «Beobachtung»: Transparenz, Kontrolle und Supervision; und in der Grunddimension der «Zielsetzungen» von Öffentlichkeit kommen Aspekte von Relevanz, Nachhaltigkeit und Vision in den Blick.»[139]

Als These wird hier vertreten, dass für die Genese von Gelebter Theologie Aspekte dieses Öffentlichkeitsbegriffs ebenfalls zentral sind. Denn auch im «Erscheinungsbild» Gelebter Theologie sind Sichtbarkeit, Profil und Raum erkennbar. Ihre «Praxis» besteht aus Sprache, diskursiver Interaktion und Partizipation, muss aber noch durch audio-visuelle Kommunikation ergänzt werden. Gelebte Theologie in ihrer öffentlichen Dimension stellt die Frage nach Legitimation, Macht und Autorität, vor allem in ihrer persönlichen und lebens-

---

[137] Vgl. ROSA: Resonanz, S. 435ff.
[138] SCHLAG, Thomas: «Öffentlichkeit 4.0», in: MERZYN, Konrad, SCHNELLE, Ricarda und STÄBLEIN, Christian (Hg.): Reflektierte Kirche: Beiträge zur Kirchentheorie, 1. Aufl., Leipzig: Evangelische Verlagsanstalt 2018, S. 321–336, hier S. 322f.
[139] Ebd.

dienlichen Perspektive. Ebenso zeigen sich auch bei Gelebter Theologie Aspekte der «Beobachtung», wie die Frage nach Transparenz und mehr noch Aspekte der «Zielsetzung» im Sinn von persönlicher Relevanz, Nachhaltigkeit und Vision (als Sinnproduktion).

Erinnert sei hierbei nochmals an die Definition von Gelebter Theologie im letzten Kapitel: Gelebte Theologie gründet in der Erfahrungswelt und Lebensrealität des Menschen. Sie wird dann zur Theologie, wenn sie reflektierten Ausdruck findet und auf öffentliche Resonanz stösst.

Dieses Moment des Öffentlichen ist konstitutiv für die Gelebte Theologie. Der Begriff der Öffentlichkeit wurde in jüngerer Zeit vielfach diskutiert.[140] Für die hier vorliegenden Reflexionen legt sich aber folgende verdichtete Definition nahe: Der Begriff der «Öffentlichkeit» meint «nicht primär den Aspekt medialer Erregung von Aufmerksamkeit oder einfach den Marktplatz unterschiedlicher politischer Interessen. Vielmehr ist damit im Habermas'schen Sinn die gesellschaftliche Gestaltungssphäre bezeichnet, in der sich unterschiedliche Akteure und Institutionen mit ihren je eigenen Profilen und Handlungsabsichten mit der Zielsetzung engagieren, diese Sphäre durch die je eigene Wirklichkeitsdeutung diskursiv entscheidend mitzuprägen.»[141] Wird der Theologiebegriff mit dem öffentlichen Resonanzraum verknüpft, muss auch die digitale Vernetzung und digitale Öffentlichkeit reflektiert werden. Zuerst sei hier aber die spezifische Situation in Kirchgemeinden thematisiert, bevor vertieft auf die digitalen Aspekte der Genese von Gelebter Theologie eingegangen wird.

Die Öffentlichkeit Gelebter Theologie in Kirchgemeinden

In den Kirchgemeinden werden die verschiedenen Gelebten Theologien durch die Öffentlichkeitswirksamkeit der engagierten Gemeindeglieder (und Pfarrpersonen) beispielsweise in der Freiwilligenarbeit sichtbar. Hierbei werden sowohl aus persönlichen religiösen Erfahrungen als auch aus der «Gemeindetheologie» Gelebte Theologien konstruiert. Browning, Osmer, Härle und viele weitere verstehen einzelne Gemeinden auch als Subsysteme in der Kirche, anhand derer je unterschiedliche Aspekte von Theologie wahrgenommen

---

[140] Vgl. z. B. GRÜMME, Bernhard: Aufbruch in die Öffentlichkeit?: Reflexionen zum «public turn» in der Religionspädagogik, 1. Aufl., Bielefeld: transcript Verlag 2018, S. 49–170.

[141] SCHLAG, Thomas: Öffentliche Kirche: Grunddimensionen einer praktisch-theologischen Kirchentheorie, Zürich: Theologischer Verlag 2012, S. 15.

und reflektiert werden können.[142] In neuerer Zeit, gerade im Themenfeld der *ordinary theology* werden diese Subsysteme auf ihre je einzelnen Zugänge zu theologischen Fragen untersucht.[143] Daran wird ersichtlich, dass einzelne Kirchgemeinden oder kirchliche Gruppen nicht nur eine individuelle, sondern auch eine gemeinschaftliche Gelebte Theologie ausprägen können. Die Gelebte Theologie einer Kirchgemeinde nimmt beispielsweise in unterschiedlichen Gottesdienstformen, in der Freiwilligenarbeit, in Predigt, je nachdem in Hauskreisen oder Gesprächsgruppen und anderen Angeboten Gestalt an. Die Kirchgemeinde wird dann zum Individuum mit eigner Gelebter Theologie. Es ist dabei kein Geheimnis, dass sich auch in einer parochial strukturierten Kirche die Gemeindeglieder geleitet von theologischem und gemeinschaftlichem Heimatgefühl auch anderen Gemeinden zuwenden. Gerade bei «bekannten» Kirchen und *mega churches* ist auch die theologische Programmatik und die darin Gelebte Theologie öffentlich bekannt und zieht so die entsprechenden Menschen an.[144]

Es ist jedoch wesentlich anzumerken, dass die Gelebte Theologie der Gemeinde nicht kongruent mit derjenigen des einzelnen Gemeindeglieds sein muss. Die Gelebte Theologie des einzelnen Gemeindeglieds erfährt nebst der Prägung durch die Gemeinde auch alltägliche, mediale Prägungen durch Werbung und Fernsehserien, wie beispielsweise durch die Fernsehserie «The Simpsons».[145] Zudem bedient sich die Sport- und Werbeindustrie vermehrt religiöser Symbole, Sprache und Deutung.

Vielerorts ist Gelebte Theologie aber viel weiter wahrnehmbar und sichtbar als nur im spezifischen kirchlichen Kontext. Denn auch viele religiöse und

---

[142] Vgl. u. a. BROWNING: Fundamental Practical Theology; HÄRLE, Wilfried u. a.: Wachsen gegen den Trend: Analysen von Gemeinden, mit denen es aufwärts geht, 4., unver. Aufl., Evangelische Verlagsanstalt 2012; OSMER, Richard R.: Practical Theology: An Introduction, Grand Rapids, Mich: William B Eerdmans Publishing Co 2008.

[143] Vgl. z. B. ARMSTRONG, Michael R.: «Some Ordinary Theology of Assisted Dying», in: Ecclesial Practices 5/1 (2018), S. 39–53.

[144] Vgl. z. B. «Willow Creek Community Church», www.willowcreek.org/ [abgerufen am 20.05.2014]; «Saddleback Church – One Family, Many Locations. Help. Healing. Hope.», http://saddleback.com/ [abgerufen am 20.05.2014]; «Hillsong Church», https://hillsong.com/ [abgerufen am 20.05.2014]; «Related Churches | HTB Church», www.htb.org.uk/about-htb/related-churches [abgerufen am 04.08.2013].

[145] Vgl. PINSKY, Mark I.: The Gospel According to the Simpsons, Bigger and Possibly Even Better! Edition: With a New Afterword Exploring South Park, Family Guy, & Other Animate, Updated, Expanded Edition?, Louisville, Ky: Westminster Pr. 2007.

hochreligiöse Menschen verorten sich nicht mehr in einem spezifischen Gemeindekontext.[146] Ihre Gelebte Theologie zeigt sich im alltäglichen Handeln und Reden, im Diskutieren und Reflektieren analog und auf Social Media.

Die digitale Öffentlichkeit Gelebter Theologie

Die Kirchgemeinde ist nur einer von unzähligen Orten, an denen Gelebte Theologie in Erscheinung tritt und zu erkennen ist.

Ein neueres Phänomen ist beispielsweise, dass Menschen christlich geprägt sind und ihre Überzeugungen in diesem Sinnsystem leben, sich jedoch keiner Kirchgemeinde mehr zugehörig fühlen, der sie sich anschliessen möchte. Ihre Religiosität spielt sich ausserhalb traditioneller Institutionen ab. Ausserdem zu beobachten sind Menschen, die zwar in christlichen Gemeinschaften aktiv sind, aber eine starke theologieproduktive Internetpräsenz aufweisen.

Beide Personengruppen sind aktive *Player* im theologischen, digitalen Diskurs. Erstere sind häufig bei der Konstruktion Gelebter Theologie weitgehend auf sich selbst gestellt und beziehen digitale Netzwerke mit ein.

Es lässt sich beispielsweise auf Instagram und Pinterest beobachten, dass viele Menschen selbstverständlich digital theologieproduktiv sind: «There are new and emergent centers and sectors of authority, rooted in their ability to find audiences, to plausible invigorate or invite practice, and to direct attention.»[147] Gerade im Bereich der digitalen Theologieproduktivität bedarf es weiterer, vertiefter Forschung, da sie ein neues und liquides Forschungsfeld ist.

Zu beobachten ist jedoch, dass es seit längerer Zeit online eine starke Netzwerkbildung gibt.[148] Häufig verfügen diese sozialen Netzwerke über unterschiedliche Verbindlichkeitslevel. Zugehörigkeit wird über Partizipation und Identifikation definiert und nicht über formale Mitgliedschaft. Die Beziehungen in den sozialen Netzwerken sind flexibel und die Verbindung wird durch Bedürfnisse, Präferenz, geteilte Werte und (biografische) Identifikation hergestellt.[149]

---

[146] Vgl. z. B. ZULEHNER, Paul: «Religion ja – Kirche nein? Die Kirche in der multikulturellen Gesellschaft von morgen», in: KOCK, Manfred (Hg.): Kirche im 21. Jahrhundert: Vielfalt wird sein, 1. Aufl., Stuttgart: Kreuz Verlag 2004, S. 11–31.
[147] HOOVER, Stewart M.: «Religious Authority in the Media», in: HOOVER, Stewart M. (Hg.): The Media and Religious Authority, Pennsylvania 2016.
[148] Ähnliche Dynamiken von digital und analog gelebter Gemeinschaft lassen sich auch in anderen Bewegungen wie der veganen Bewegung, animal equality oder LGBT-Netzwerken beobachten.
[149] Vgl. CAMPBELL, Heidi A. und GARNER, Stephen: Networked Theology: Negotiating Faith in Digital Culture, Grand Rapids, Michigan: Baker Academic 2016, S. 64–67.

Gerade im digitalen Raum kommt dem Individuum die «dynamische Freiheit selbst gewählter Interpretationspraxis im Blick auf religiöse Inhalte, Symbolbedeutungen, Ritualpraxis und individuelle Wertpräferenzen zu»[150]. Doch, wie aufgezeigt wurde, gehört zur Genese von Gelebter Theologie ein Resonanzraum oder -körper. Die Interpretationspraxis im virtuellen Raum findet nicht auf einer Tabula rasa statt. Die Hermeneutik der religiösen Erfahrungen und der Gelebten Theologie geschehen, zumindest teilweise, im Austausch mit anderen (digitalen) Freundinnen und Freunden in sozialen Netzwerken.

Das bedeutet, dass in einer digitalisierten, pluralistischen Gesellschaft individuelle, religiöse Deutungen von Erfahrungen und Gelebter Theologie nicht nur im Rahmen von persönlichen Begegnungen in der analogen Welt entstehen, sondern auch in digitalen Netzwerken.[151]

Daraus ergeben sich viele grundlegende Fragestellungen und das Paradigma der Kirchgemeinden und der akademischen Theologie als Drehscheibe und Zentrum der Genese von Theologie wird infrage gestellt: Wie und welche Art von Theologie entsteht im virtuellen Raum? Unterscheidet sich diese wesentlich von Gelebter Theologie im analogen Raum? Welche Wissenschaftsverständnisse stehen dahinter? Wie gestalten sich die Interaktionen innerhalb einer virtuellen Gemeinschaft? Entstehen Autoritäten mit Deutungshoheit? Wovon ist dies abhängig? Wie virtuell sind diese Gemeinschaften und wie viel *Embodiment*, also physisch erlebbare Nähe, brauchen sie, um ihr Bestehen zu sichern, religiöse Deutungsleistungen zu vollbringen und sich weiterzuentwickeln? Besteht die Virtualität nur in der physischen Distanz oder wird sie zu einem eigenen Charakteristikum dieser Gemeinschaft?

Es ist zu erkennen, dass sich Personen je nach individuellen, religiösen Interessen in entsprechende Diskurse einklinken und dort eine gemeinschaftliche Gelebte Theologie entsteht. Diese ist durch die Deutung eines bestimmten Netzwerks geprägt, ist aber für alle öffentlich zugänglich und findet mittlerweile (beispielsweise durch Twitter) auch Eingang in landeskirchliche Reformprozesse.[152]

Zusätzlich dazu ist zu beobachten, dass besonders digitale soziale Netzwerke Plattformen bilden und bieten bei denen Gelebte Theologien konstruiert

---

[150] SCHLAG: «Öffentlichkeit 4.0», S. 321.
[151] Vgl. z. B. «Vom Wandern und Wundern» von der ökumenischen Bewegung Kirchehoch2. Das Buch liest sich wie eine individuell-gemeinschaftliche Bekenntnisschrift. In den einzelnen, teilweise sehr persönlich gehaltenen Beiträgen, wird jedoch immer wieder die gemeinsame Programmatik erkennbar. HERRMANN, Maria und BILS, Sandra (Hg.): Vom Wandern und Wundern: Fremdsein und prophetische Ungeduld in der Kirche, Würzburg: Echter 2017.
[152] Vgl. zum Beispiel den #DigitaleKirche auf Twitter: https://twitter.com/search? f=tweets& vertical=default&q=%23digitaleKirche&src=tyah [zuletzt gesehen am 15.08.2018].

werden. Die Konstruktion von Theologie ist nicht mehr nur den akademisch ausgebildeten Theologinnen und Theologen überlassen, sondern wird in den sozialen Medien gezielt gefördert. So gehören spirituelle und religiöse Diskurse zu den gängigen Themen auf Social Media und sind mittlerweile weitverbreitet. Zudem wird gerade da die Grenze zwischen Ordinierten und Nichtordinierten durchlässig und aufgehoben: «The network can promote flattened rather than hierarchical structures, along with relationships that allow more dynamic interaction rather than being unresponsive and static.»[153] Gelebte Theologie als Spezifikum des Allgemeinen Priestertums lebt von dieser Durchlässigkeit.

Gerade in den sozialen Netzwerken ist die öffentliche Theologieproduktivität des Allgemeinen Priestertums gut zu beobachten.

Praktische Beispiele Gelebter Theologie im digitalen Raum

Explizite Beispiele dafür, wie solche Diskurse im christlichen Kontext aussehen können, sind *Homebrewed Christianity*[154], die ökumenische Bewegung Kirchehoch2, beispielsweise unter dem Hashtag #wewonder.[155]

«Homebrewed Christianity: Since March 13, 2008, Homebrewed Christianity Podcast has been bringing you the best nerdy audiological ingredients so you can brew your own faith. You will find conversations between friends, theologians, philosophers, and scholars of all stripes. What started as a reason for Tripp to interview the authors of his favorite books has turned into a community of podcasts, bloggers, & Deacons (what we call our regular listeners) invested in expanding and deepening the conversation around faith and theology. We hope you listen, question, think, and then share the Brew!»[156]

Wie aus dem Text ersichtlich wird, versteht sich *Homebrewed Christianity* als Unterstützungsnetzwerk, um eigene Gelebte Theologie zu kreieren und als Plattform, um diese auch zu teilen.

«Kirchehoch2 geht (mindestens) auf das Jahr 2006 zurück. Aus losen ökumenischen Kontakten entwickelte sich ein kleines regionales Netzwerk im Raum Hildesheim/Hannover, das die grossen Veränderungsprozesse der Kirchen in den Blick nahm und begann, gemeinsam Fragen zu stellen. Erste Exkursionen, Studientage und viele ökumenische Begegnungen führten zum Wunsch, mit einem grösseren

---

[153] CAMPBELL/GARNER: Networked Theology, S. 14.
[154] «Homebrewed Christianity», http://homebrewedchristianity.com/# [abgerufen am 15.08.2018].
[155] «Kirchehoch2», www.kirchehochzwei.de/cms/ [abgerufen am 15.08.2018].
[156] «Who We Are», https://homebrewedchristianity.com/who-we-are/ [abgerufen am 25.08.2018].

Kreis von Menschen über eine Kirche der Zukunft nachzudenken. Im Jahr 2013 fand ‹Kirchehoch2 – Der Kongress› in Hannover statt. Im Anschluss war es möglich, in Hannover/Linden ein gemeinsames Büro einzurichten und weiterhin auf den Spuren der Fragen zu bleiben. [...] Kirchehoch2 ist somit eine fragende Grundhaltung, ist geprägt von der Ökumene der Sendung, ist eine Bewegung von Menschen, die über eine Kirche von heute für morgen nachdenken. Kirchehoch2 zeigt sich in vielen Erfahrungen sowie grossen und kleinen Geschichten. Kirchehoch2 schlägt sich nieder in ökumenischen digitalen und analogen Lernräumen, unterschiedlichsten Veranstaltungsformaten sowie Veröffentlichungen und Materialien von uns und anderen. [...] Das sind zum einen Sandra Bils und Maria Herrmann, die beiden Referentinnen hinter Kirchehoch2. Beide sind in ihrem Dienst jeweils in eine der beiden Trägerorganisationen eingegliedert. Oft findet man sie im Kirchehoch2-Ladenlokal in Hannover/Linden, wenn sie nicht in Landeskirche und Bistum unterwegs sind und neue Formen von Kirche und die Menschen (be-)suchen, die diese gestalten. [...] Zum Team gehören (mindestens) neun weitere Personen. Sie sind im Bistum Hildesheim, der Landeskirche Hannover sowie bei ökumenischen Partnern hauptamtlich tätig. Damit sind sie nicht im Kirchehoch2-Büro vor Ort, sondern an ihren unterschiedlichen Dienststellen, um dort in ihrem jeweiligen Arbeitsfeld die Fragen nach einer Ökumene der Sendung zu entfalten.»[157]

Digitale Netzwerke als ekklesiale Gemeinschaften

Soziale Netzwerke wie *Homebrewed Christianity* und Kirchehoch2 sind nicht nur virtuelle, theologieproduktive Plattformen, sie nehmen auch die Funktion von ekklesialen Gemeinschaften ein, wo sich Gleichgesinnte verbinden, tragen und fördern. So ist bei Kirchehoch2 eines der wiederkehrenden Leitmotive #TheGiftOfNotFittingIn – also das Fremdsein in der Kirche als innovatives Moment für die Kirche.[158]

Natürlich könnte eingewendet werden, dass virtuelle, soziale Netzwerke keine ekklesialen Gemeinschaften bilden, da dabei das Embodiment, die sinnliche Erfahrbarkeit des Religiösen abhandenkommt. Allerdings wird in neueren Studien sichtbar, dass eine enge Verbindung zwischen online und offline Gemeinschaften besteht: «online church are often connected to offline Christianity and the institutions they represent, even when traditional communal rituals and practices (e.g. prayer or Bible study) are modified online.»[159] Zudem

---

[157] «Wir – kirchehoch2», https://kirchehoch2.de/wir/ [abgerufen am 25.08.2018].
[158] Vgl. HERRMANN/BILS (Hg.): Vom Wandern und Wundern.
[159] CAMPBELL/GARNER: Networked Theology, S. 67.

verschwimmt die Trennung zwischen online und offline immer mehr, on- und offline sind gleichermassen eingebettet in die Lebensrealität.[160]

Interessant ist, dass digitale, christliche Netzwerkgemeinschaften häufig ein On- und Offlineschema aufweisen. Sowohl *Homebrewed Christianity* als auch Kirchehoch2 zeigen längere Phasen von digitaler Vernetzung und virtuellen Beziehungsstrukturen, die aber hie und da in tatsächlichen *embodiments* im realen Leben aktualisiert werden.

Häufig erfährt die öffentliche, digitale Netzwerktheologie eine Vergegenwärtigung und einen Moment der physischen Nähe, wenn sich die digitale Gemeinschaft tatsächlich trifft. Virtuelle Gemeinschaft wird dabei verkörpert und physisch erfahrbar. Die Gemeinschaft im digitalen Raum nährt sich nicht nur, aber auch aus diesen Phasen der realen Treffen. Sie erfährt im physischen Zusammentreffen eine Vergegenwärtigung und Aktualisierung. Auf der Basis dieser analogen Beziehungserfahrung lebt die Gemeinschaft im virtuellen Raum weiter, bis sie sich wieder punktuell physisch trifft und vergegenwärtigt. So wurde Kirchehoch2 durch ihren ersten grossen Kongress 2013 in Hannover bekannt. Daraus entwickelte sich ein Netzwerk zuerst in Deutschland, das mittlerweile bis in die Schweiz reicht.

In der viel kleineren, aber beziehungsintensiveren Konferenz w@nder 2017 wurde die Gemeinschaft wiederum vergegenwärtigt und aktualisiert. Ein grosser Teil der Arbeit von Kirchehoch2 ist digitale und analoge Beziehungs- und Vernetzungsarbeit.[161] Diese findet nicht nur durch Konferenzen, sondern auch durch persönliche Treffen in Deutschland und der Schweiz statt.

Auch *Homebrewed Christianity* lebt davon, dass man sich einmal pro Jahr zum *Theology Beer Camp* trifft: «In addition to extremely nerdy talks, hanging out with other theology nerds just like you, you'll also be getting some of the best craft beer in the Southeast. And in case we forgot to mention, all of the

---

[160] Vgl. CONSALVO, Mia und ESS, Charles: «Introduction», in: CONSALVO, Mia und ESS, Charles (Hg.): The Handbook of Internet Studies, 1. Aufl., Malden, Mass.: Wiley-Blackwell 2012, S. 1–8.

[161] Vgl. BILS, Sandra: «‹Kirche2 – Eine ökumenische Bewegung›», in: POMPE, Hans-Hermann, TODJERAS, Patrick und WITT, Carla J. (Hg.): Fresh X - Frisch. Neu. Innovativ: Und es ist Kirche, Neukirchen-Vluyn: Neukirchener Aussaat 2016, S. 50–56, hier S. 55.

beer you can drink is included in the price of your ticket.»[162] Nebst den offiziellen Konferenzen finden auch in diesem Netzwerk viele Treffen unter einzelnen Vertreterinnen und Vertretern statt.[163]

An den Konferenzen und den Treffen wird die Gelebte Theologie aktualisiert, verkörpert und produziert und gewinnt beispielsweise durch lifestream Angebote und die Twittertimelines an öffentlicher Aufmerksamkeit.[164]

Die Erkennbarkeit digitaler Gelebter Theologie

Der öffentliche Wirkungsradius christlicher sozialer Netzwerke kann also gross sein. Obwohl Partizipation explizit erwünscht und Diversität gefördert wird, besitzen diese Netzwerke dennoch ein erkennbares theologisches Profil. An ihrer explizit und publik gemachten Theologie, in Symbol, Sprache und Beziehungsstrukturen, können sie erkannt werden.

Des Weiteren ist es kennzeichnend, dass sich die digitalen Gemeinschaften und ihre Leitfiguren häufig öffentlich exponieren, dies sowohl religiös, politisch als auch ethisch und sozial. Im Internet lassen sich sehr viele solcher politisch-religiösen Statements finden, u. a. auch in den Netzwerken von Brian McLaren, Rob Bell und vielen anderen.

In den Netzwerken gibt es Vertreterinnen und Vertreter, die federführend und häufig auf Social Media präsent sind. Bei *Homebrewed Christianity* ist dies der Gründer Tripp Fuller. Kirchehoch2 lebt vom ökumenischen Team, das unter anderem von zwei digital engagierten Theologinnen, Sandra Bils und

---

[162] «Theology Beer Camp: Birthday Edition», in: *Eventbrite*, https://www.eventbrite.com/e/43485895484?aff=efbneb [abgerufen am 12.08.2018].

[163] Ich bin 2016 in Claremont mit Tripp Fuller und dem Netzwerk «Homebrewed Christianity» in Kontakt gekommen. Während meiner Zeit als Gastforscherin an der Claremont School of Theology (CST) bekam ich durch ihn, der dort studierte, Einblick in das Netzwerk.

[164] Aus dem «Abschlussbericht ökumenisches Projekt Kirchehoch2» Stand 2017, der mir von Pastorin Dr.min. Sandra Bils freundlicherweise zur Verfügung gestellt wurde: «Die mediale Professionalität des Kongresses im Februar 2013, bspw. in Form eines Livestreams, in dem das Programm des Kongresses per Video im Internet breit gestreut wurde und so in 14.000 Abrufen eine interaktive Beteiligung an der Veranstaltung durch Twitter, Facebook und SMS ermöglichte, wurde in den drei Jahren des Projektzeitraumes fortgesetzt. Im Rahmen digitaler Kommunikation konnte eine nachhaltige Homepage als Informationspool und Vernetzungsort geschaffen werde, die ca. 7000 Besucherinnen und Besucher pro Woche anspricht. Der dreimonatliche Newsletter, der über Arbeit, Veranstaltungen, Angebote und Publikationen informiert, hat über 1000 Abonnentinnen und Abonnenten. Im Bereich Social Media kann die Facebook-Seite von Kirchehoch2 etwa 750 Besucherinnen und Besucher pro Woche verzeichnen, bei Twitter sind es über 1800 Follower und ein Video des eigenen Youtube-Kanals mit 199 Abonnenten hat über 27.000 Klicks.»

Maria Hermann, geleitet und von der Evangelisch-lutherischen Landeskirche Hannovers und dem Bistum Hildesheim finanziell getragen wird.

Eine grosse Stärke von *Homebrewed Christianity* und Kirchehoch2 ist es, dass die Leitfiguren diskursfähige Teamplayer sind. Den verantwortlichen Personen in den Netzwerken ist es ein Anliegen, sowohl Raum zu bieten als auch Andockstelle für theologieproduktive, suchende und fragende Menschen zu sein. Die Leitfiguren der Netzwerke haben nicht nur zum Ziel, theologische, ekklesiologische und ethische Impulse zu setzen, sondern ebenso, externe Impulse aufzunehmen und gemeinsame, kontextuelle Theologie zu produzieren.[165]

Die Netzwerke generieren netzwerkspezifische öffentliche Theologie in Social Media, Podcasts und Printmedien. Durch die grosse Medienpräsenz werden diese theologischen Entwürfe auch breit gelesen und rezipiert. Die theologischen Outputs sind hoch partizipativ, regen zum Denken an und weisen auch immer wieder auf die Spezifika der jeweiligen Netzwerkprogrammatik hin. So ist das Buch «Vom Wandern und Wundern»[166] von Kirchehoch2 eine Bekenntnisschrift, die genau das Suchen, das Fremdheitsgefühl gegenüber der eigenen religiösen Tradition und die Unvollständigkeit spätmoderner theologischer Konzeptionen thematisiert. Die fragmentarische, suchende und deutungsoffene Existenz wird darin thematisiert. Eine kritische Rezension des Buchs bringt dies auf den Punkt: «Die Schwächen in der Form sind gewissermassen Programm. Hier ist nichts fertig, sondern alles im Fluss. Es ist kein theologischer Sammelband im engeren Sinne, sondern eher Dokument einer Theologie des Wanderns und Wunderns im Spannungsfeld zwischen Fremdheit und Dazugehörigkeit. Das Wort Theologie darf hier nicht akademisch verstanden werden wie gewohnt, sondern eher wortgetreu als die Rede von Gott. Das Buch ist das Manifest einer Bewegung, ohne dass es diesen Anspruch erheben würde und ohne ein Manifest im klassischen Sinne zu sein. Es versammelt eher eine ganze Reihe verschiedener Perspektiven. Es spannt damit einen Raum auf, ohne ihn füllen zu können oder das überhaupt zu wollen. Es ist der Raum jener 95 % der eingeschriebenen Kirchenmitglieder, die nicht mehr jeden Sonntag am Gemeindegottesdienst teilnehmen. Oder derer, die weder einer Kirche angehören noch ihren Fuss in eine Kirche setzen würden.»[167] Die

---

[165] Vgl. z. B. BOWMAN, Donna: The Homebrewed Christianity Guide to Being Human: Becoming the Best Bag of Bones You Can Be, hg. v. FULLER, Tripp, S. l.: Fortress Press 2018; LEONARD, Bill: The Homebrewed Christianity Guide to Church History: Flaming Heretics and Heavy Drinkers, hg. v. FULLER, Tripp, Minneapolis: Fortress Press 2017; HERRMANN/BILS (Hg.): Vom Wandern und Wundern.

[166] HERRMANN/BILS (Hg.): Vom Wandern und Wundern.

[167] RECKE, Martin: «Wundersames Wanderbuch».

Theologien des Buches stammen aus dem Leben der Autorinnen und Autoren, sie können als liquides Bekenntnis Gelebter Theologie im Netzwerk angesehen werden. Kennzeichnend für dieses Netzwerk ist die diskursoffene theologische Vorläufigkeit, die sich durch die Partizipation anderer auch immer wieder verändern lässt. Dennoch ist das ökumenische Netzwerk durch die beiden promovierten Theologinnen und durch die finanzielle und ideologische Verankerung in der katholischen und Evangelisch-lutherischen Landeskirche bedacht auf christliche und kirchliche Traditionen. Das Netzwerk ist eine Spielwiese für Innovation auf der Basis von Tradition und Kontext[168] und macht seine (theologischen) Erkenntnisse allen öffentlich zugänglich.

Im Zentrum von Homebrewed Christianity steht die Programmatik, interessierte Menschen bei der Konstruktion und Weiterentwicklung ihrer Theologie zu unterstützen und dazu vielfältige Impulse zu geben. Der Prozess (individuelle) Gelebte Theologie zu entwickeln, wird bewusst gefördert. Dazu werden Podcasts, Kurse, Blogs und Diskussionsforen angeboten. Des Weiteren dienen u. a. Pinterest, Chats, Twitter, Instagram und Facebook als Diskussions- und Vernetzungsplattformen.

Als Metapher für den Entstehungsprozess von Gelebter Theologie wird bei *Homebrewed Christianity* das Bierbrauen verwendet. Wie die Metapher vom Brauen schon impliziert, braucht es gewisse immer gleiche Elemente, wenn man ein Bier brauen will. Sind die Grundbestandteile, wie etwa Malz, Hopfen und Wasser, gegeben, kann dem Bier, je nach Geschmacksrichtung, eine eigene Note verliehen werden. Was dabei nicht übersehen werden sollte, ist, dass durch die Grundelemente Gerste, Hopfen und Wasser, also die fixe theologi-

---

[168] Für den Diskurs um Tradition, Kontext und Innovation in liquiden Bewegungen vgl. MÜLLER: Fresh Expressions of Church, S. 286f.

sche Basis, die Programmatik zumindest teilweise schon gesetzt ist. Grundlegend ist *Homebrewed Christianity* von der *emergent Conversation*[169] beeinflusst.[170] Das wird beispielsweise in den Podcasts mit Brian McLaren ersichtlich.[171] Kombiniert wird diese Theologie mit Gedanken aus der Prozesstheologie[172] Cobbs[173] und Postkolonialisierungsdebatten[174], was wiederum die Autoritäts- und Partizipationsfrage in neuer Weise eben auch hier aufwirft.

Dennoch ist es ein grosses Anliegen und erklärtes Ziel des Netzwerks, dass diese Gedanken beständig erweitert werden und als Anregung dienen, um die je eigene Theologie zu kreieren. Dies zeigt sich u. a. in den vielfältigen Zugängen und den Podcasts von sehr unterschiedlichen Menschen.

Was sich in diesen beiden Netzwerken ebenfalls als Spezifikum zeigt, ist ein Bewusstsein für die Genderthematik. Frauen und Männer kommen gleichermassen vor, sind in Leitung, Podcasts und Vorträgen präsent. Diskutiert wird nicht über Rollenmodelle, sondern politische, ethische und humanitäre Fragen

---

[169] *Emerging Church* sind weltweite, heterogene, christliche Bewegungen, die je nach Kontext unterschiedlich aussehen und sich unterschiedlich gruppieren. Allen Gruppen ist gemeinsam, dass sie auf die Veränderungen der Gesellschaft reagieren wollen und diese als neue Herausforderung für die Kirche sehen. Eine einheitliche Definition von Kirche gibt es dabei nicht. Die grösste Verbreitung findet die *Emerging-Church*-Bewegung in den USA, Westeuropa, Australien, Neuseeland und Afrika. Der Begriff *Emerging Church* beschreibt eine Kirche, die sich in einem ständigen Entwicklungsprozess befindet und immer im Begriff ist, aufzutauchen und zu entstehen. Vgl. a.a.O., S. 53f.

[170] Vgl. z. B. «Home», in: Fresh Expressions US, http://freshexpressionsus.org/ [abgerufen am 23.07.2016].

[171] Vgl. z. B. ebd.

[172] Die Prozesstheologie versteht die Welt als ständigen Prozess von Werden und Vergehen. Es gibt darin keine dauerhaften Objekte, sondern nur Ereigniszusammenhänge, die in Beziehung zueinanderstehen. In Gott verwirklicht sich alles Geschehen, er ist das konkrete Ereignis, das den pluralistischen Wirklichkeitserfahrungen Kohärenz vermittelt. Vgl. COBB, John und GRIFFIN, David: Process Theology: An Introductory Exposition, Revised ed., Philadelphia: Westminster John Knox Press 1976.

[173] Tripp Fuller studierte am Zentrum für Prozess Theologie, ist eng mit Prof. Dr. Philip Clayton befreundet und bezeichnet sich selbst als Fan von Cobb. Vgl. Ebd.; vgl. Tripp Fullers Beschreibung «He is also the self-proclaimed president of the John Cobb fan club» in: «Who We Are» https://homebrewedchristianity.com/who-we-are/ [abgerufen am 28.12.2018].

[174] Postkolonialismus beschäftigt sich mit dem Ende des Kolonialismus und dessen Auswirkungen bis heute. Trotz des Endes des Kolonialismus bestehen imperialistische Strukturen bis heute weiter, dies beispielsweise in Politik, Ökonomie und Bildung. Postkolonialistische Theorien untersuchen Identität, Kultur und Menschengruppen, sie haben emanzipatorisches Interesse und verfolgen u. a. die Rekonstruktion der vom Kolonialismus zerstörten Lebensbereiche und Kulturen. Vgl. u. a. YOUNG, Robert J. C.: Postcolonialism: An Historical Introduction, Oxford, UK/Malden, Mass: Wiley-Blackwell 2001, S. 57f.

werden mit theologischen verbunden. Die Leitfiguren beider Netzwerke sind gedankliche Vorreiter/-innen mit Pioniermentalität.

Die vielfältige Produktion von Theologie in diesen Netzwerken orientiert sich an bestimmten Programmatiken, ist wiedererkennbar, in der Tradition verwurzelt, aber sie wird nicht von der Institution Kirche kontrolliert. Es ist eine Gelebte Theologie, die sich nicht in erster Linie an dem orientiert, was «wahr» ist, sondern an dem, was im Leben der Partizipierenden funktioniert. Wahrheit wird über Funktionalität und Lebensdienlichkeit definiert.

Es ist zu beobachten, dass diese Art der partizipativen Vernetzung die theologische Sprachfähigkeit erhöht und das Allgemeine Priestertum konkretisiert. Denn in diesen theologischen Diskursen mit ihren flachen Hierarchien wird Beteiligung und Querdenken geschätzt und es wird nicht erwartet, dass jeder Gedanke schon voll ausgereift ist, bevor er geäussert wird.

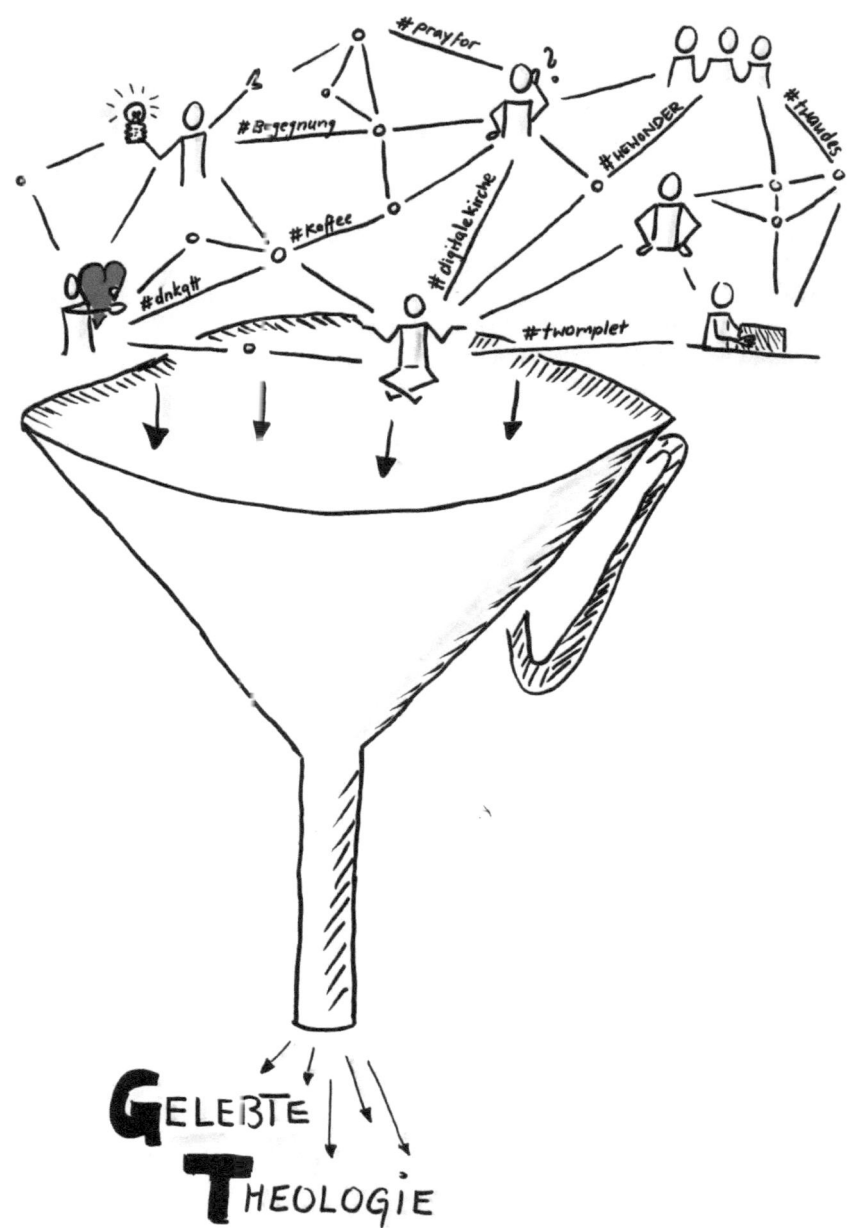

Gelebte Theologie als Moment des Empowerments

Durch die sozialen Medien wird die theologische Sprachfähigkeit gefördert und die Gelebte Theologie bekommt ein öffentliches Moment. Das Gleiche kann in den vielfältigen Bereichen von analoger Kirchlichkeit geschehen. Unabhängig von Ort bzw. Raum besitzt der Moment, in dem Gelebte Theologie bewusst wird, und dann ausgedrückt und anerkannt wird, katalytische Funktion im Leben des Allgemeinen Priestertums. Gelebte Theologie kann unter bestimmten Umständen zu theologischem Empowerment von Menschen führen und das Bewusstsein der priesterlichen Funktion stärken.

Gelebte Theologie gründet im Kontext und im Leben des Individuums und wird dann verbal oder performativ zur Theologie, wenn sie auf eine Öffentlichkeit als Resonanzraum trifft. «Neben dem pfarramtlichen Aufgabenbereich ist das Leben des Christen in Familie, Beruf und Gesellschaft originäres Betätigungsfeld für das Allgemeine Priestertum. Hier durch das Lebenszeugnis für das Evangelium von Jesus Christus einzustehen, heisst im Sinne des Allgemeinen Priestertums: Priester, also Christ zu sein.»[175]

Analoge und digitale Beispiel gibt es unzählige: In der kirchlichen Jugendarbeit entsteht Gelebte Theologie häufig in Religionsunterricht, Camps, Jugendgruppen und sozialen Medien, bei aktiven Kirchenmitgliedern durch unterschiedliche freiwillige Engagements oder am Arbeitsplatz und im Sozialraum, bei kirchenfernen, theologieproduktiven Menschen in selbstorganisierten Gruppen und auf Social Media.

Wird Gelebte Theologie als Theologie wahr- und ernstgenommen, wird sie zum Katalysator für die Entwicklung eines priesterlichen Selbstbewusstseins, denn ihr wohnt ein Moment des Empowerments inne. Sie ist ressourcenorientiert, im Gegensatz zu bedürfnisorientiert, vertraut auf die Fähigkeiten und Stärken des Allgemeinen Priestertums und fördert Selbstbestimmung und die produktive (theologische) Gestaltungskraft.[176]

In der Programmatik von Gelebter Theologie wird der vermeintliche Werteunterschied zwischen dem ordinierten Amt und nichtordinierten Personen aufgehoben. Diskurse können auf Augenhöhe stattfinden, weil es nicht um

---

[175] HÄRLE/GOERTZ: «Priester/Priestertum», S. 409.
[176] Vgl. HERRIGER, Norbert: Empowerment in der Sozialen Arbeit: Eine Einführung, 5. Aufl., Stuttgart: Kohlhammer W., GmbH 2014; BUNDESZENTRALE FÜR POLITISCHE BILDUNG: «Empowerment-Landkarte: Diskurse, normative Rahmung, Kritik | bpb», www.bpb.de/apuz/180866/empowerment-landkarte [abgerufen am 12.08.2017].

akademisches Spezialwissen geht, sondern um eine Theologie, die sich im Leben als lebensfördernd und nützlich erwiesen hat bzw. erweist. In diesem Kapitel werden deshalb die Reflexionen über Empowerment, theologische Sprachfähigkeit, die Gelebte Theologie von Ordinierten und die Unterscheidung zwischen gelebter Theologie und Pastoraltheologie vertieft.

Theologisches Empowerment

Die gängigen Empowerment-Konzeptionen vor allem in der Sozialen Arbeit und der Psychologie gehen auf den emeritierten Professor für Psychologie Julian Rappaport zurück. Rappaports Hauptwerk zu diesem Thema erschien 1984 unter dem Titel: «Studies in Empowerment: Steps Toward Understanding and Action»[177]. Empowerment ist momentan häufig in der Sozialen Arbeit, Psychologie, Medizin, aber auch in Bürgerrechtsbewegungen und der Frauenrechtsbewegung ein Thema.

Das englische Wort «Empowerment» bedeutet so viel wie: Ermächtigung, Übertragung von Verantwortung und Erhöhung der Handlungsfähigkeit. Das Ziel von Empowermet ist es, die Autonomie und Selbstbestimmung von Menschen und Gemeinschaften zu stärken und Gestaltungsspielraum zu schaffen. Eine Stärke des Empowerments ist die ressourcenorientierte Perspektive.

Die Potenzialität des Empowerments liegt christlich betrachtet in der Rechtfertigungslehre und in einzelnen Aspekten der Pneumatologie. Die Programmatik des Allgemeinen Priestertums ist ein Konzept des Empowerments, die aber immer an den Gottesbegriff zurückgebunden ist. Besonders prägnant werden die Ermächtigung und Erhöhung der (geistlichen) Handlungsfähigkeit im Römerbrief thematisiert. In der Rechtfertigungslehre liegt der Keim der Freiheit zum Leben. Im Brief an die Römer (Röm 5,18) wird dies mit der Freiheit jeder einzelner Person in Verbindung gebracht: «Also: Wie es durch den Fall des Einen für alle Menschen zur Verurteilung kam, so kommt es durch die Erfüllung der Rechtsordnung des Einen für alle Menschen zum Freispruch, der ins Leben führt.»[178] Ebenso wird im Römerbrief (Röm 8,15–17) diese Freiheit in Verbindung zur Pneumatologie gesetzt: «Denn die vom Geist Gottes getrieben werden, das sind Söhne und Töchter Gottes. Ihr habt doch nicht einen Geist der Knechtschaft empfangen, um wiederum in Furcht zu leben; nein, ihr

---

[177] RAPPAPORT, Julian: Studies in Empowerment: Steps Toward Understanding and Action, New York: Routledge Member of the Taylor and Francis Group 1984.

[178] Zürcher Bibel, Zürich: TVZ Theologischer Verlag Zürich 2008.

habt einen Geist der Kindschaft empfangen, in dem wir rufen: Abba, Vater! Eben dieser Geist bezeugt unserem Geist, dass wir Kinder Gottes sind.»[179]

Das Allgemeine Priestertum ist Empowerment zur theologischen Mündigkeit, Verantwortung und Produktivität. Denn mit der reformatorischen Forderung von Selbstverantwortung und Sprachfähigkeit im Umgang mit der Bibel und dem persönlichen religiösen Leben zielt die theologische Konzeption auf das priesterliche Empowerment der Menschen ab. Der Mensch ist ohne Mittler befähigt, sein Leben vor und mit Gott zu gestalten: Wird die Programmatik des Allgemeinen Priestertums ernst genommen, muss zwangsläufig auch deren Gelebte Theologie als Gegenstand kirchlicher und akademischer Praxis in den Blick kommen.

Ein häufig zitierter Satz von Julian Rappaport lautet: «Having rights but no resources and no services available is a cruel joke.»[180] Auch in Bezug auf das Allgemeine Priestertum und die Gelebte Theologie trifft dieser Satz von Rappaport zu. Auch wenn die Formel Allgemeines Priestertum grosszügig verwendet wird, bleibt sie ohne Förderung der Sprach- und Ausdrucksfähigkeit und ohne das Empowerment der daraus entstehenden Theologie ein Witz. Gerade nicht ordinierte Personen verstummen nämlich, oder wechseln das Thema, wenn im kirchlichen Kontext die Theologie ins Spiel kommt. So berichtete mir beispielsweise erst kürzlich eine engagierte Präsidentin einer Kirchenvorsteherschaft von ihren Erfahrungen in der Synode. Sie erzählte, wie sie und die meisten nicht ordinierten Personen in der Synode bei kirchentheoretischen und theologischen Diskursen verstummen. Sie habe weder den Mut noch die Sprachfähigkeit, noch das Training ihre theologischen Gedanken öffentlich zu artikulieren. Zudem habe sie Angst, dass sie mit ihrem Glauben von anderen nicht ernst genommen werde.[181]

Das Training der theologischen Sprach- und Ausdrucksfähigkeit geschieht auf Social Media, gerade durch die täglichen Interaktionen, viel selbstverständlicher. In analogen kirchlichen Kontexten bereitet dies jedoch Schwierigkeiten. So bleibt das Allgemeine Priestertum und die artikulierte Gelebte Theologie Wunschdenken, wenn beides nicht aktiv gefördert und trainiert wird.

---

[179] Ebd.
[180] RAPPAPORT, Julian: «In praise of paradox: A social policy of empowerment over prevention», in: American Journal of Community Psychology 9/1 (1981), S. 1–25, hier S. 13.
[181] Vielleicht liegt gerade in dieser Ohnmacht der Nichtordinierten mit ein Grund, warum in kirchlichen Gremien so häufig über Liegenschaften, Finanzen und Aktivitäten, aber so selten über Theologie und Glaube gesprochen wird.

Theologische Sprachfähigkeit und Empowerment

Sogar aktiven, engagierten Personen in Synode und Kirchenvorständen fehlt die theologische Sprachfähigkeit, um sich angemessen zu äussern. Dies hat sicherlich unterschiedliche Gründe: trotz der reformatorischen Parole des Allgemeinen Priestertums wurde das Theologisieren doch den ordinierten Personen überlassen. Pastoraltheologisch ist das Theologietreiben und die Verkündigung ein Spezifikum des Pfarramts.[182] Eine theologische Artikulationsfähigkeit wird von nichtordinierten Personen nur beschränkt erwartet.[183]

Zur Zeit der Reformation wurde in der zürcherischen Prophezei die Sprachfähigkeit durch Bibelverständnis und Exegese eingeübt. Doch ein Training für die theologische Sprachfähigkeit findet man beispielsweise eher selten in Angeboten von Kirchgemeinden.[184] Zusätzlich dazu sind persönliche Religiosität und Gelebte Theologie zu einem gesellschaftlichen Tabu geworden, ähnlich wie das Thema Tod.

Wie aufgezeigt wurde, wird an manchen Orten in den sozialen Medien gerade die Sprach- und Ausdrucksfähigkeit gelebter Theologie wieder eingeübt. Die theologischen Diskurse werden dadurch enthierarchisiert und ermöglichen einen hohen Grad an partizipativem Theologisieren. So werden im digitalen Raum subjektive Zugänge zum eigenständigen Glaubensvollzug eröffnet. «Was und wie zu glauben ist, klären die einzelnen Subjekte selber.»[185]

Dennoch und trotz der Veränderungen durch das Internet ist die theologische Sprach- und Ausdrucksfähigkeit bei nichtordinierten Priesterinnen und Priestern nur eingeschränkt vorhanden. Die Kommunikation des Evangeliums

---

[182] Vgl. z. B. WAGNER-RAU, Ulrike u. a.: «Pastoraltheologie», in: FECHTNER, Kristian u. a. (Hg.): Praktische Theologie: Ein Lehrbuch, Stuttgart: Kohlhammer W. GmbH 2017, S. 105–127, hier S. 111ff.

[183] Dies ist gerade bei angestellten Diakoninnen und Diakonen im schweizerischen Kontext zunehmend ein Problem. Denn vermehrt werden von Landeskirchen Personen für diesen Dienst angestellt, die keine theologische Ausbildung haben, oder nur einen zeitlich und inhaltlich sehr begrenzten Theologiekurs gemacht haben. Das führt dazu, dass sogar im Amt der Diakoninnen und Diakone die theologische Reflexions- und Sprachfähigkeit teilweise nur beschränkt vorhanden ist. So sind Diakoninnen und Diakone zwar in der Lage Angebote für Kirchgemeinden zu entwickeln, jedoch nicht die theologische Sprachfähigkeit und die Gelebte Theologie des Allgemeinen Priestertums zu fördern. Damit dies verhindert bzw. verbessert werden kann, ist es sinnvoll, auch auf dieser Anstellungsebene eine fundierte theologische Ausbildung zu gewährleisten.

[184] Eine Ausnahme hierbei können partizipative Theologiekurse für Erwachsene, spezifische theologische Erwachsenenbildungsangebote und offene Glaubenskurse bieten.

[185] LUTHER: Religion und Alltag, S. 13.

und das Theologisieren werden nach wie vor vielfach der ordinierten Person übertragen.[186]

Wird vom frühen Christentum her gedacht, haben die ersten Christinnen und Christen überhaupt erst eine Sprache für ihre religiösen Erfahrungen und Überzeugungen entwickeln müssen und dies bis ins kleinste Detail. Das Christentum verbreitete sich u. a. deshalb so rasant, weil es eine Sprache herausbildete, die von den Menschen verstanden wurde. Sie entwickelten eine Mehrsprachigkeit und Übersetzbarkeit ihres Glaubens, und dies vor allem durch ihre Lebensführung. Die ersten christlichen Gemeinden waren deshalb so interessant für Aussenstehende, weil sie Standesgrenzen überwanden. Das frühe Christentum hat seine Theologie so überzeugend gelebt, dass andere Menschen davon angezogen wurden. In diesem Prozess liess sich das Was (Inhalt und Lehre) und das Wie (Verkündigung, Leben) nicht trennen und unterscheiden.[187]

Wie zentral die Sprachfähigkeit und das sprachfähig Machen im ganzen Diskurs ist, ist nicht zu unterschätzen. Denn an die Sprach- und Ausdrucksfähigkeit ist zum einen Würde und zum anderen das persönliche Selbstverständnis, Priesterin und Priester zu sein, geknüpft. Das Priesterin- oder Priester-Sein ist zwar theologisch gegeben, wird aber von den einzelnen Personen erst ab einem bestimmten individuellen Grad an theologischer Wirkungsmacht in Anspruch genommen.

Biblisch gesehen liegt im Wort schöpferische Kraft (Gen 1). Diese Kraft wurde allen zuteil (Joel 3). An Pfingsten selbst wurde die Sprache revolutioniert. Alle Menschen verkündigten das Evangelium (Apg 2). Alle durften sprechen.

Die Hilflosigkeit, sich theologisch nicht verständigen und einbringen zu können, welche im Beispiel der Kirchenvorsteherin zu erahnen ist, führt zu Scham und wird so auch zu einem theologischen Druckmittel. Zum theologischen Sprechen «legitimiert» bleiben so immer nur akademisch ausgebildete Personen.[188]

---

[186] Vgl. KUNZ: «Zur Notwendigkeit einer Theologie des Laientums», S. 37.
[187] Diese Gedanken stammen aus dem Referat von Prof. Dr. Benjamin Schliesser: Reformation als Resonanz. Kontinuität und Wandel in neutestamentlicher Perspektive. Greifswalder Symposium «Kirche[n]gestalten. Re-Formationen von Kirche und Gemeinde in Zeiten des Umbruchs», 24–26 Mai 2018.
[188] Ob dies durch den Anspruch der Theologinnen und Theologen oder durch Minderwertigkeitskomplexe der «Laien» verursacht ist, kann hier leider nicht genauer erörtert werden.

Ernst Lange wies schon 1980, im Rahmen der Erwachsenenbildung, auf die Entwicklung von Sprachfähigkeit hin: «Gesucht ist hierbei eine Sprachschule für die Freiheit.»[189] Lange plädierte dabei dafür, dass auf die konkrete Situation der Menschen eingegangen werden sollte und die Erwachsenenbildung nicht «theologisch-deduktiv oder kirchlich-strukturell» instrumentalisiert werden sollte.[190] Obwohl Lange dabei die Freizeitgesellschaft und die arbeitsfreie Lebenszeit im Blick hatte, ist diese Erkenntnis auch für die Sprachfähigkeit der Menschen des Allgemeinen Priestertums zentral. Dies aber gerade nicht aus sprachästhetischen Gründen, sondern weil damit theologische Identität und Handlungsfähigkeit wiedergewonnen wird. Im Diskurs um die Gelebte Theologie kann Sprachfähigkeit nicht statisch und als punktuelles Ereignis betrachtet werden. Da die Gelebte Theologie in sich schon prozessual ist, kann auch die Sprachfähigkeit nur als etwas angesehen werden, das sie entwickeln muss. In der Fähigkeit, Gelebte Theologie öffentlich auszudrücken, liegt die Anerkennung ihrer Würdigkeit und ein Moment des Empowerments, der sich ausdrückender Person. Entdecken, wahrnehmen, ausdrücken und wahrgenommen werden fungieren als Katalysator für das Selbst.[191] Und diesen Momenten wohnt wiederum eine zutiefst priesterliche Dimension inne. Denn da, wo Gott zur Sprache kommt und die Programmatik vom Reich Gottes erlebbar wird, entsteht Sprachfähigkeit, die losgelöst ist vom blossen Sprechakt allein, die aber lebensfördernd und lebensdienlich ist. Erfahrungsfähigkeit und Sprachfähigkeit werden dabei ineinander verwoben.

Die Rolle der Pastoraltheologie für die Gelebte Theologie

Zum Allgemeinen Priestertum gehören alle, auch ordinierte Personen. Diese Gleichwertigkeit gilt ebenso für die Gelebte Theologie. Bei einem kritischen Blick auf die alltäglich Gelebte Theologie von ordinierten und nichtordinierten Personen zeigt sich nämlich, dass diese gar nicht so unterschiedlich ist. Wobei

---

[189] LANGE, Ernst: «Sprachschule für die Freiheit. Bildung als problem und Funktion der Kirche», in: SCHLOZ, Rüdiger und BUTENUTH, Alfred (Hg.): Kirche für die Welt. Aufsätze zur Theorie kirchlichen Handelns, München/Gelnhausen: Chr. Kaiser 1992.

[190] WOLFF, Jürgen: «Sprachschule für die Freiheit, Option für die Armen oder perspektivenverschränkende Bildung?», in: NOTH, Isabelle und KOHLI REICHENBACH, Claudia (Hg.): Religiöse Erwachsenenbildung: Zugänge – Herausforderungen – Perspektiven, 1. Aufl., Zürich: Theologischer Verlag Zürich 2013, S. 27–44, hier S. 30.

[191] «Der Mensch wird am Du zum Ich.» Vgl. BUBER, Martin: Das dialogische Prinzip: Ich und Du. Zwiesprache. Die Frage an den Einzelnen. Elemente des Zwischenmenschlichen. Zur Geschichte des dialogischen Prinzips, 17. Aufl., Gütersloh: Gütersloher Verlagshaus 2017, S. 34.

innerhalb der Gelebten Theologie die Gleichwertigkeit der unterschiedlichen theologischen Ansätze und Konzeptionen Programm ist.[192]

Vieles von dem, was in der Praxis, im Internet und in Kirchgemeinden von Pfarrpersonen vertreten wird, gründet in der eigenen, erfahrenen und Gelebten Theologie. So sind das Predigen und pastorale Handeln immer auch von der persönlichen Gelebten Theologie geprägt. Dies entweder in einer Abgrenzung zu früheren persönlichen Erfahrungen (dies zeigt sich häufig in der scharfen Abgrenzung gegenüber sogenannten evangelikalen oder liberalen Ansätzen) oder in deren Integration (aber nicht unbedingt Reflexion). Im alltäglichen Leben sind sich dadurch die Gelebten Theologien in dem Sinn ähnlich, als dass gelebt und gepredigt wird, was geglaubt wird (kontextuelle Prägung) und «funktioniert».

Was sind denn nun aber die Unterschiede zwischen Gelebter Theologie und Pastoraltheologie? Im Folgenden sollen kurz die Unterschiede zwischen pastoraltheologischer Theologie und Gelebter Theologie skizziert werden. Dies nicht um zwischen den beiden zu werten, sondern um die unterschiedlichen Funktionen darzustellen.

Pastoraltheologie wird von den unterschiedlichen konfessionell geprägten akademischen Traditionen auch unterschiedlich verstanden. Im katholischen Verständnis ist mit Pastoraltheologie das gemeint, was auf evangelischer Seite Praktische Theologie ist. Mit der Pastoraltheologie sind «alle Dimensionen und Bereiche kirchlichen Handelns» gemeint.[193]

Wenn hier von der Pastoraltheologie die Rede ist, wird am evangelischen Verständnis angeknüpft: «Evangelische Pastoraltheologie lässt sich verstehen als wissenschaftliche Reflexion des Auftrags der Kirche unter dem besonderen Aspekt des pastoralen Dienstes. In ihr wird der in der Ordination übertragene Dienst theologisch bedacht und die sich aus ihm ergebenden Aufgaben, Pflichten und Rechte sowie die persönliche Qualifikation für das Amt der Evangeliumsverkündigung kritisch beschrieben. Sie ist Reflexion über professio, Profession und Professionalität, des Pfarrers und der Pfarrerin im Hinblick auf die von ihnen wahrzunehmenden spezifischen Obliegenheiten unter den jeweils gegebenen kirchlichen und gesellschaftlichen Verhältnissen.»[194]

---

[192] Im Diskurs zur kontextuellen Theologie wird die Gleichwertigkeit unterschiedlicher Theologien schon lange vertreten. Begründet werden die Unterschiede in den verschiedenen Kontexten und Lebensrealitäten. Dabei gilt die Unterschiedlichkeit nicht als etwas Negatives, sondern als fördernswert: «Pluralism in theology, as well as on every level of Christian life, must not only be tolerated; it must be positively encouraged and cultivated.» BEVANS, Stephen B.: Models of Contextual Theology, Maryknoll, N. Y.: Orbis Books 2002, S. 15.

[193] Vgl. FÜRST, Walter und MERKEL, Friedemann: «Pastoraltheologie», S. 70.

[194] MERKEL, Friedemann: «Pastoraltheologie», S. 76.

Ein einheitliches Verständnis, was unter Pastoraltheologie zu verstehen ist, existiert nicht. Ebenso gibt es keine Gelebte Theologie im Singular. Sowohl Pastoraltheologie als auch die Gelebte Theologie sind divers und vielfältig. Als Hauptunterschied der zwei Formen von Theologie ist auf den Ursprung des Lernprozesses hinzuweisen. Gelebte Theologie ist eine erfahrene und verkörperte Praxis, die wiederum nach Ausdruck sucht. Sie ist induktiv, häufig implizit und legitimiert sich nicht durch ein akademisches Studium, sondern sie muss sich im Leben selbst als lebensdienlich erweisen.

Im Gegensatz dazu ist die Pastoraltheologie akademisch reflektiert und erlernt (und im besten Fall mit dem Leben und der Erfahrung verknüpft). Mit der Pastoraltheologie verbunden sind hermeneutische Reflexionsprozesse, die während des Studiums angeeignet und trainiert werden. Zudem hat sie viele deduktive und normative Anteile. Vereinfacht könnte man in der Pastoraltheologie die Theorie und in der Gelebten Theologie die Praxis sehen.

Des Weiteren ist das pastoraltheologische Selbstverständnis ein anderes. Die Lehre vom Amt der Pfarrperson gründet auf einem Berufsverständnis: akademisch ausgebildete Theologinnen und Theologen sind theologische Spezialistinnen und Spezialisten. Sie verfügen häufig über eine Professions-Identität und ausgeprägtes Wissen. Durch die Ordination ist zudem bei vielen Pfarrpersonen eine hohe Selbstverpflichtung vorhanden.

Demgegenüber fühlen sich Freiwillige in Kirchgemeinden nicht als Expertinnen oder Experten und verstehen die pastoraltheologische akademische Sprache häufig nicht. Sie nehmen sich auch kaum aus der Perspektive des Allgemeinen Priestertums wahr und beanspruchen deshalb nur selten theologische Kompetenz für sich selbst. So hat und behält die Pfarrperson die Hauptverantwortung für Theologie. Ebenfalls grosse Unterschiede gibt es im Bibelverständnis. Pfarrpersonen wurden im kritischen Umgang mit der Bibel geschult. Zudem bewegt sich die Pastoraltheologie auf der Metaebene (*thinking about*). Gelebte Theologie stellt Fragen aus den konkreten Herausforderungen des Lebens heraus. Ebenfalls können sich die Wissensdimensionen unterscheiden: akademisch geschulte Theologinnen und Theologen verfügen über ein grosses theoretisches, religiöses, historisches und psychologisches Allgemeinwissen. Nicht immer ist dieses Wissen mit der Praxis und der Lebensrealität der Menschen verknüpft. So laufen die Professionellen Gefahr, von anderen Menschen nicht verstanden zu werden und sie bleiben so im Elfenbeinturm. Das theologische Wissen, das vom Allgemeinen Priestertum kommt, ist ein praktisches, das aus den alltäglichen Erfahrungen herrührt und induktiv zur Gelebten Theologie wird.

Dieser Unterschiedlichkeit der theologischen Konzeption ist Rechnung zu tragen. Werden aber Gelebte Theologie und Pastoraltheologie nicht gegeneinander ausgespielt und gewertet, sondern auf ihre Funktion und ihr Ziel hin geprüft, werden die jeweiligen Aufgaben der unterschiedlichen Theologien ersichtlich.

Deshalb kann auch das Ziel einer guten akademischen Praktischen Theologie nicht die Förderung eines dissoziierten Umgangs zwischen persönlicher Erfahrung und theologischer Reflexion der Studierenden sein. Reflektierende Praktische Theologie, welche die Gelebte Theologie im Blick hat, befähigt die Studierenden und zukünftigen Pfarrpersonen dazu, persönliche und fremde religiöse Erfahrungen wahrzunehmen, zu artikulieren und zu reflektieren. Gerade auch in einer religiös individualisierten und pluralistischen Welt ist diese Fähigkeit für Theologinnen und Theologen essenziell.[195]

Diese Bildungsaufgabe sollte im Anforderungskatalog akademischer Praktischer Theologie zwingend enthalten sein. Denn die Praktische Theologie sollte nebst der fundierten Reflexion ihrer Praxisfelder auch Studierende und zukünftige Pfarrpersonen befähigen, gute hermeneutische Mäeutik im Leben der Menschen zu betreiben: «Contextualization, therefore, is not something on the fringes of the theological enterprise. It is at the very centre of what it means to do theology in today's world. Contextualization, in other words, is a theological imperative.»[196]

Kritik an einer entfremdeten akademischen Theologie, die von der persönlichen Erfahrung dissoziierte Pfarrpersonen hervorbringt wurde u. a. von Astley laut: «I have argued before that only some of what goes on in university departments in England involves doing Christian theology, in the sense of the critical and reflective articulation, development and defence of Christian beliefs. And the extend to which that activity is truly religious theology that keeps closely in contact with the heart of Christian spirituality is an open question.»[197]

---

[195] «Diese Korrektur besteht in der Einlösung der Forderung, dass eine Theologie als professionelle Theorie gelebter Religion sich nicht selbst als Konkurrenzunternehmen zu den lebensweltlich-nichtprofessionellen Lebensdeutungen verstehen und betätigen dürfe, sondern als deren theoretische und praktische Unterstützung.» PFLEIDERER: «‹Gelebte Religion› – Notizen zu einem Theoriephänomen», S. 31.

[196] BEVANS: Models of Contextual Theology, S. 15.

[197] ASTLEY: Ordinary Theology, S. 74.

So hat die Pastoraltheologie eigentlich im Kern das Ziel, die persönliche Gelebte Theologie der Menschen wahrzunehmen, zu reflektieren und zu fördern: «We need, rather, to begin with the working: to look and see what works in practice, and then to reflect theologically on that. [...] The theologian takes a step aside, as it were, now standing beside him or herself, giving up the former identity, at least to a certain degree.»[198] Dies im Sinn der sokratischen Mäeutik und nicht als theologisches Deduktiv. Bevans geht diesbezüglich so weit, dass er «ordinary men and women» als die Spezialisten und Spezialistinnen für die Hermeneutik der kontexteigenen Theologie bezeichnet, die aber durch dialogische Unterstützung bewusst gemacht werden muss.[199]

Auch wenn sich die Gelebte Theologie von ordinierten und nichtordinierten Menschen im Alltag nicht gross unterscheidet, sollten akademisch ausgebildete Theologinnen und Theologen jedoch zusätzlich dazu die Fähigkeit erlernen, sich selbstkritisch zu eigener Prägung, Erfahrung, Kontext und der persönlichen gelebten Theologie zu verhalten – dass sie zu Geburtshelferinnen für die Gelebte Theologie anderer Menschen werden können.[200]

---

[198] Ebd.
[199] Vgl. BEVANS: Models of Contextual Theology, S. 16ff.
[200] «Akademische Bildung ermöglicht aber auch Selbstreflexivität und Kritik: Ein Theologiestudium bewahrt davor, die Grenzen der eigenen Überzeugung und Gotteserkenntnis zu ignorieren.» Vgl. WAGNER-RAU u. a.: «Pastoraltheologie», S. 122.

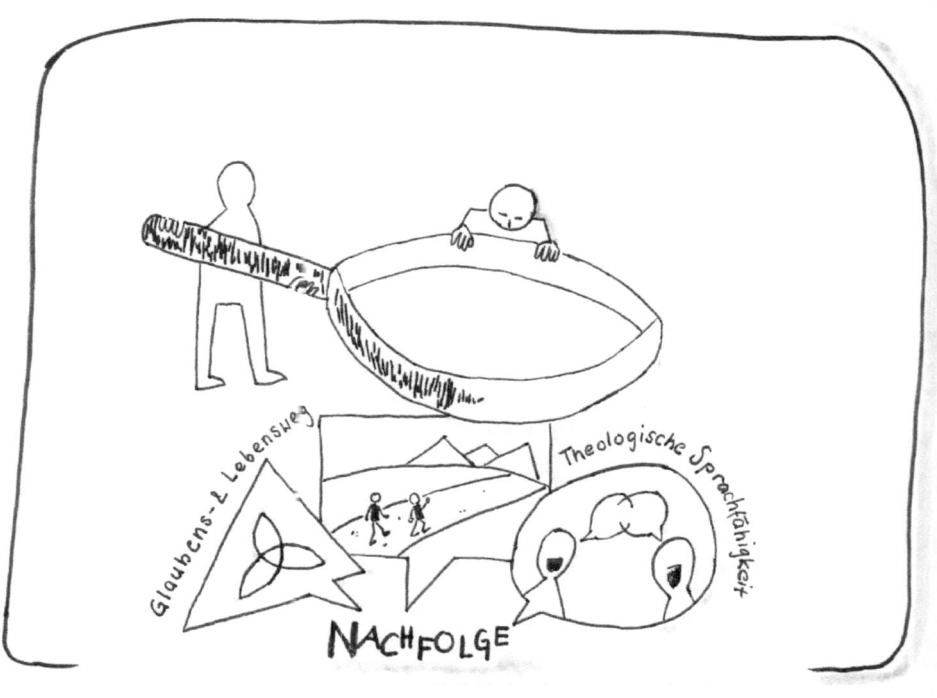

Impulse für eine Pastoraltheologie des Empowerments

In diesem abschliessenden Kapitel werden in sechs Thesen Impulse gegeben und Perspektiven einer Gelebten Theologie des Allgemeinen Priestertums für die Pastoraltheologie eröffnet. Angeknüpft wird dabei konzeptionell an die Mäeutik.

Pastoraltheologie als Geburtshelferin für Gelebte Theologie

Eine Pastoraltheologie als Mäeutik aufzufassen, die das Empowerment des Allgemeinen Priestertums und die Förderung der Gelebten Theologie als Kernauftrag hat, ist ein Paradigmenwechsel zu Entwürfen, welche die Andersheit der Pfarrperson, die Pfarrperson als Führerin ins Heilige, das Pfarramt als Amt der Erinnerung oder die Professionsperspektive hervorheben.[201] In den erwähnten, doch sehr verschiedenen pastoraltheologischen Ansätzen, wird das kirchliche, ordinierte Amt unterschiedlich dargestellt und es werden verschiedene Akzente gesetzt. Deshalb werden auch die pastoraltheologischen Kernaufgaben immer etwas anders definiert. Manfred Josuttis sieht beispielsweise die Pfarrperson als Führerin in eine heilige Zone, die spirituelle Techniken vermittelt.[202] Demgegenüber ist das Pfarrbild von Albrecht Grötzinger dezidiert auf die Kernaufgabe der intellektuellen Denkleistung und die kontextuelle und sachlich korrekte Vermittlung biblisch-christlicher Traditionen in einer postmodernen Gesellschaft ausgelegt.[203] Isolde Karle vertritt demgegenüber die These, dass der Pfarrberuf als Profession zu verstehen sei, welche die gesellschaftlich relevante Sachthematik Religion öffentlich vertrete.[204]

Trotz der Unterschiedlichkeit dieser Ansätze ist ihnen allen gemein, dass die Pfarrperson als eine Person dargestellt wird, die einen Wissens- und Erfahrungsvorsprung hat und eine inhaltsgenerierende und -vermittelnde Funktion

---

[201] Vgl. u. a. JOSUTTIS, Manfred: Die Einführung in das Leben. Pastoraltheologie zwischen Phänomenologie und Spiritualität, Gütersloh: Chr. Kaiser/Gütersloher Verlagshaus 1996; GRÖZINGER, Albrecht: Die Kirche, ist sie noch zu retten?, Gütersloh: Gütersloher Verlagshaus 1998; KARLE, Isolde: Der Pfarrberuf als Profession: Eine Berufstheorie im Kontext der modernen Gesellschaft, 3. Aufl., Stuttgart: Kreuz Verlag 2011.

[202] Vgl. JOSUTTIS: Die Einführung in das Leben. Pastoraltheologie zwischen Phänomenologie und Spiritualität.

[203] Vgl. GRÖZINGER: Die Kirche, ist sie noch zu retten?

[204] Vgl. KARLE: Der Pfarrberuf als Profession.

übernimmt. Die Pfarrperson ist Spezialistin und Spezialist für die kirchlichen Tätigkeiten und die Theologie.[205]

Wird die pastoraltheologische Aufgabe in ihrer mäeutischen Ausrichtung reflektiert, dient der Wissensvorsprung (der jedoch nicht Erfahrungsvorsprung ist) nur als Hilfsmittel im mäeutischen Prozess.[206] Die sokratische Technik der Mäeutik[207] geht davon aus, dass nur das ans Licht zu bringen ist, was im Menschen schon angelegt ist. Im Horizont des christlichen Verständnisses gehört dazu auch das Wirken vom Geist Gottes in einem Menschen, das es zu entdecken gilt. Für die pastoraltheologische Mäeutik sind genaues Hinhören und Wahrnehmen unerlässlich.

In Platons Berichten lässt Sokrates seine Gegenüber die Sachinhalte selbst entdecken, unterstützt den Prozess aber durch geeignete Fragetechniken. Die Erkenntnis wird so, mithilfe dieser Hebammentechnik, «geboren».

Das Entscheidende an der Metapher der Geburtshelferin ist die Haltung. Eine Hebamme kann ihre Tätigkeit immer nur unterstützend ausführen. Dies gilt auch für eine Pastoraltheologie des Empowerments: «Theology must rather be an activity of dialogue, emerging out of a mutual respect between ‹faithful› but not technically trained people and faith-ful and listening professionals.»[208]

In Bezug auf die Programmatik von Gelebter Theologie können akademisch geschulte Theologinnen und Theologen gemeinsam mit allen anderen Theologisierenden alltagstheologische, hermeneutische Prozesse vollziehen und religiöse Erfahrungsräume öffnen. Dabei gilt es, «Menschen Räume für Erfahrung zu öffnen, in denen sie Hoffnung jenseits des selbst Geleisteten schöpfen und sich so mit der eigenen Unsicherheit konfrontieren lassen können»[209]. Es geht also darum, die subjektiven Zugänge zum eigenständigen

---

[205] Das könnte daran liegen, dass in der Gemeindepraxis das theologische Spezialwissen immer noch normative und autoritative Funktion hat.

[206] Im Gegensatz dazu stehen Konzepte, die Inhalte und Fachwissen deduktiv vermitteln wollen. Natürlich ist Platons Sokrates eine Person, die eigentlich auch immer schon weiss, was herauskommen soll, und oft genug beschränkt sich der/die Dialogpartner/in auf ein «ja gewiss» bzw. «nein, natürlich nicht». In diesen Ausführungen rücken aber nicht diese Aspekte des platonischen Sokrates ins Zentrum, sondern seine Funktion als Geburtshelfer.

[207] Ob Sokrates seine philosophische Arbeit tatsächlich mit der Hebammenkunst verglichen hat, ist historisch nicht gesichert und nur durch Platons Schriften belegt.

[208] BEVANS: Models of Contextual Theology, S. 18.

[209] GRETHLEIN, Christian: «Gemeindeentwicklung. Gemeindeaufbau / church growth / Gemeindeleben / Verein», in: GRÄB, Wilhelm und WEYEL, Birgit (Hg.): Handbuch Praktische Theologie, 1. Aufl., Gütersloh: Gütersloher Verlagshaus 2007, S. 495–506, hier S. 505.

Glaubensvollzug zu markieren und zu eröffnen. Welche Gestalt und welcher Ausdruck der Glaubensvollzug annimmt, bestimmt jede und jeder selbst.[210] Theologische Reflexion und induktive Hermeneutik ist die Form der Mäeutik, welche die Pastoraltheologie einbringen kann. Sie ist zentral: «It provides the key by which to apply the rigours of the academy to the swamp of messy, real-life situation. It converts the role of academic theology in ministry from dominating master to useful servant.»[211] Die Pastoraltheologie kann dabei «Anregungspotenzial» ins Spiel bringen, sie soll jedoch nicht als Begründungsinstanz normieren wollen.

Über ihre Verwurzelung kann das Gleiche gesagt werden, was auch für die öffentliche Theologie gilt, nämlich, dass Gelebte Theologie «einen wesentlichen Einfluss- und Gestaltungsraum nur dann für sich zu legitimieren [vermag], wenn sie sich einerseits so intensiv wie möglich auf die Analyse der gegenwärtigen Verhältnisse [einlässt], andererseits ihrem eigenen Selbstverständnis nach aber alle Artikulations- und Kommunikationsformen unbedingt an einer möglichst klaren und profilierten theologischen Grundlegung»[212] orientiert.

Der gemeinsame Tanz – Metapher für einen gegenseitigen Lernprozess

Gelebte Theologie ist kreative Kommunikation von Gott und vom Leben vor Gott. Das ist vergleichbar mit einer Tanzfläche, auf die eine Pastoraltheologie des Empowerments einlädt und auf der die Gelebte Theologie und die Pastoraltheologie des Empowerments gemeinsam tanzen.

Charles Gerkin sprach schon in den 1980er-Jahren vom: «pastor as interpretative guide»[213]. Dabei stellte Gerkin die Gegenseitigkeit und Wechselseitigkeit dieser Tätigkeit ins Zentrum: «a relationship of mutual exploration and reflective consideration of options may be possible between pastor and people, facilitating greater freedom and honesty on both sides.»[214]

Eine Pastoraltheologie des Empowerments moderiert zwischen dem konkreten Kontext der Menschen und der christlichen Tradition. Sie lässt sich als Geburtshelferin mit den Menschen auf den Suchprozess ein und fragt danach,

---

[210] Vgl. LUTHER: Religion und Alltag, S. 13.
[211] HEYWOOD, David: «Educating Ministers of Character», in: Journal of Adult Theological Education 10/1 (2013), S. 4–24, hier S. 20.
[212] SCHLAG: Öffentliche Kirche, S. 17.
[213] Gerkin, Charles V.: An Introduction to Pastoral Care, Nashville: Abingdon Press 1997, S. 113f.
[214] GERKIN, Charles V.: Widening the Horizons: Pastoral Responses to a Fragmented Society by Charles V. Gerkin, Philadelphia (Westminster), Westminster John Knox Pr 1986, S. 99.

wie sich heute und in konkreten Kontexten das Evangelium manifestiert. Gleichzeitig orientiert sie sich an der biblischen und christlichen Tradition immer im Bezug auf die gegenwärtige Lebensrelevanz. Das Ineinander und Miteinander des gemeinsamen Tanzes führt dazu, dass alle Seiten voneinander lernen und verändert werden.

Kommt und seht – Potenzial entfalten

Eine Pastoraltheologie des Empowerments steht im Dienst der Gelebten Theologie, indem sie dieser zum Leben verhilft. Die Kommunikation des Evangeliums fördern, heisst hierbei, die Sprach- und Ausdrucksfähigkeit des Allgemeinen Priestertum zu stärken und so der Gelebten Theologie in digitaler und analoger Gesellschaft öffentlichen Raum zu geben.

Dabei ist die Pastoraltheologie zu Folgendem aufgefordert: «The pastoral guide does not take people on the same old trip but travels with them into new territory. Together, they must learn the lay of the land and the path available to them. This is a collaborative activity. The guide must attend carefully to the resources of the travelers and the particular journey they hope to take, as well as contributing her own expertise.»[215]

Diese Form der Pastoraltheologie hat die Erfahrungswelt Gelebter Theologie konkreter Menschen zum Gegenstand. Daher ist sie relational und darum bemüht eine nichthierarchische, dialogische Ebene der Kommunikation zu schaffen. Sie begegnet dem Phänomen der Gelebten Theologie auf Augenhöhe. Wie in der sokratischen Mäeutik erahnt eine Pastoraltheologie des Empowerments das, was noch nicht ans Licht gekommen ist, das theologische Potenzial, das, was noch geboren werden muss. Sie unterstützt Menschen dabei, ihre Gelebte Theologie zu entwickeln und diese gemeinschaftlich und in sozialen Netzwerken zur Sprache zu bringen. Das heisst, sie fördert aktiv und engagiert die Entstehung Gelebter Theologie des Allgemeinen Priestertums.

Grundhaltung – Dialog und Resonanz

Die primäre Haltung einer Pastoraltheologie des Empowerments ist eine dialogische.[216] Dabei ist bei dieser Gesinnung nicht primär an eine Gesprächstechnik zu denken, sondern vielmehr an eine «Einstellung zum Umgang mit sich

---

[215] OSMER: Practical Theology, S. 19f.
[216] Grethlein wies darauf hin, dass «heute die pastorale Perspektive praktisch-theologischer Arbeit neu auszurichten [ist]. Offenkundig verlieren die Funktionen des Belehrens und – lange

selbst und den eigenen persönlichen Wahrheiten, zum Umgang mit anderen Menschen und deren persönlichen Wahrheiten»[217]. So ist die dialogische Grundhaltung auch nicht an einem Gesprächsverlauf festzumachen, sondern vollzieht sich permanent innerhalb der hermeneutischen Kommunikationsprozesse, in den Beziehungen, in narrativ-biografischen Vollzügen, in religiösen Praktiken, in semiotischen Handlungen und Deutungen. Der Dialog als Haltung und Werkzeug der Pastoraltheologie ist auf das Allgemeine Priestertum ausgerichtet und «intendiert keine Vereinnahmung [...], sondern ein Wahrnehmen und Ernstnehmen ihrer Fähigkeiten, ihrer Ansprüche sowie ihrer reflexiven Orientierungsbedürfnisse und – das ist besonders wichtig – ihrer Kompetenzen».[218]

Die dialogische Grundhaltung in einer Pastoraltheologie hat das Empowerment vom Allgemeinen Priestertum zum Ziel und soll sowohl theologische Selbstverantwortung als auch gemeinschaftliche Aspekte gelebter Theologie fördern. So sollten die Pastoraltheologie und das ordinierte Amt um die theologische Handlungsfähigkeit des Allgemeinen Priestertums und deren Kommunikationsfähigkeit Gelebter Theologie bemüht sein.

Ein hilfreiches Gedankenmodell, um diesen Prozess zu reflektieren, ist das der Resonanz. Zwischen Gelebter Theologie und einer Pastoraltheologie des Empowerments wird eine Resonanzbeziehung[219] geschaffen mit dem, was das Individuum unbedingt und existenziell betrifft, in Tillichs Worten mit dem «ultimate concern»[220]. Im Resonanzraum kann Gelebte Theologie reflektiert und

---

Zeit selbstverständlichen – (autoritären) Zurechtweisens durch das ‹kirchliche Amt› an Bedeutung. Sie werden in kommunikative moderierende Aufgaben transformiert, in denen es um die Vermittlung von konkreten Lebenssituationen und christlichen Impulsen geht. Das – in theologischer Diktion – allgemeine Priestertum aller getauften Christen (WA 6,564) bzw. – religionssoziologisch formuliert – die Religionsproduktivität heutiger Menschen verändert die Bedeutung und die Aufgabe pastoralen Handelns. Knapp und holzschnittartig: An die Stelle des Glaubenslehrers und -wächters tritt der Kommunikator bzw. die Kommunikation des Evangeliums, der/die zuerst die Situation seiner Gesprächspartner sorgfältig wahrnehmen und verstehen muss. Praktische Theologie wird so zur Theorie der Kommunikation des Evangeliums in der Gegenwart, in der die Pfarrer/innen eine wichtige, aber nur mit Anderen gemeinsam zu erfüllende Aufgabe haben.» GRETHLEIN: *Praktische Theologie*, S. 5.

[217] BENESCH, Michael: Psychologie des Dialogs, Wien: UTB 2011, S. 11.
[218] MÜLLER, Sabrina: «Bedingungen eines gelingenden theologischen Diskurses mit jungen Freiwilligen», in: SCHLAG, Thomas und ROEBBEN, Bert (Hg.): Jahrbuch für Jugendtheologie Bd. 4: «Jedes Mal in der Kirche kam ich zum Nachdenken»: Jugendliche und Kirche, Stuttgart: Calwer 2016, S. 160–170, hier S. 167.
[219] Vgl. ROSA: Resonanz, S. 435f.
[220] Vgl. TILLICH: Dynamics of Faith, S. 110.

erweitert werden und Ausdruck finden. Einsichten aus der Kinder- und Jugendtheologie können auch für induktive Entstehungsprozesse, wie die der Gelebten Theologie, Impulse geben. Denn die Inhalte sind und werden erprobt und erlebt: «Sinnstiftend können traditionell gefundene Bedeutungen nur sein, wenn sie ausgelotet und in Gedanken und Handlungen erprobt werden. Hierfür einen Raum zu geben, ist Absicht jeder subjektorientierten Religionsdidaktik.»[221] Die Normativität von Sinn und Erfahrung wird dabei nicht vermittelt, sondern individuell und persönlich konstruiert, auf der Basis neuer Erfahrungen weiterentwickelt und sie muss sich im alltäglichen, gelebten Dasein bewähren.[222]

Vom privaten Erleben zum öffentlichen Handeln

Eine Pastoraltheologie des Empowerments trägt dazu bei, dass die Gelebte Theologie in Kirche und Gesellschaft digital und analog Wirkung entfalten kann, weil sie auf der Überzeugung basiert, dass die christliche Programmatik und die Gelebte Theologie auch heute das Leben fördert und dem Leben dient.

Gelebte Theologie ist so auch eine Form von Missionstheologie. Keine kolonialisierend-paternalistische, aber eine, die sich im konkreten Leben als hilfreich und lebensdienlich bewahrheiten muss. Gerade im Zusammenhang mit dem Öffentlichkeitscharakter Gelebter Theologie ist Folgendes zu berücksichtigen: «Zu erinnern ist hierbei übrigens daran, dass die entscheidende öffentlichkeitswirksame Ausbreitung des frühen christlichen Glaubens eben entscheidend durch die sogenannten Laien mit ihren privaten und beruflichen Kontakten mitten in den Alltag hinein im Sinne einer Mikrokommunikation im kleinen, privaten und halböffentlichen Rahmen erfolgte.»[223]

Das Allgemeine Priestertum wird so aus seinem ängstlichen Grenzgängertum befreit und nimmt Einfluss auf die konkrete Kommunikation des Evangeliums.

Im digitalen Raum ist diese kleine, manchmal fast unscheinbare Mikrokommunikation an vielen Ecken und Enden zu beobachten. Gerade deshalb ist ihre öffentliche Wirkung nicht zu unterschätzen. Unter Hashtags wie #dnkgtt, #prayfor, #twomplet, #rwaudes, #SlatePrays, #SlateSpeak usw. finden täglich

---

[221] KAMMEYER, Katharina: «Kindheitsforschung und Kindertheologie. Ein kindertheologischer Blick auf Beiträge soziologischer Kindheitsforschung», in: Theo-web. Zeitschrift für Religionspädagogik 11 (2012), www.theo-web.de/zeitschrift/ausgabe-2012–01/05.pdf [abgerufen am 03.03.2017].

[222] Dieser Prozess wird von Arnett mit «to think for themselves with regard to religious issues» umschrieben. Vgl. ARNETT: Emerging Adulthood, S. 212ff.

[223] SCHLAG: Öffentliche Kirche, S. 28.

rege Diskurse Gelebter Theologie und Zeiten geteilter Spiritualität statt. So wurde beispielsweise der Hashtag #twomplet am 14. Januar 2014 von Benedikt Johannes Heider (*1995) begründet. Der damals 19-Jährige war Abiturient, studiert heute Theologie und kam auf die Idee, aus Twitter und Komplet den Hashtag #twomplet zu kreieren.

Seit der Gründung dieses Twittergebets findet nahezu täglich ein Abendgebet über den Account @twomplet statt. @twomplet hat 2 167 Follower, davon partizipiert die Hälfte aktiv und es gibt mehr als 30 Vorbeterinnen und Vorbeter. Das Gebet findet jeden Abend um 21.00 Uhr statt und kann zu Hause, unterwegs, im Zug oder im Büro mitgebetet werden. Da die Tweets stehen bleiben, ist auch zeitversetztes Beten möglich.

Der Account ist ökumenisch und so nimmt das Gebet, je nach Vorbeterin oder Vorbeter, etwas andere Konturen an. Das Abendgebet orientiert sich an der Komplet des Stundengebets, aber die Vorbeterinnen und Vorbeter bringen eigene Traditionen und Ideen ein. Grundsätzlich sind Menschen aus evangelischer (lutherisch, reformiert, uniert), katholischer, altkatholischer, baptistischer, freikichlicher Tradition vertreten. Die Mitbetenden bringen sich durch Likes, Retweets und durch das Teilen eigener Gebetsanliegen während der Fürbitte ein. Gerade bei Krisen und Anschlägen finden Menschen in solchen digitalen Räumen Trost und Halt. So hatte die #twomplet am Abend nach den Anschlägen von Paris am 13. November 2015 insgesamt 80 Tweets mit 44 000 Views mit bis zu 6 000 Views/Tweet und 650 Likes.

Diese Mikrokommunikationen und ihre Wirkungen sowohl praktisch-theologisch als auch missionswissenschaftlich intensiver zu analysieren und reflektieren, wäre wünschenswert.

Kirchehoch2 und Homebrewed Christiantiy waren Beispiele digitaler Gelebter Theologie, der Theologieproduktivität und ihrer Wirkung. Diesen Beispielen ist die pastoraltheologische Dimension inhärent, denn es sind Theologinnen und Theologen, durch die der Resonanzraum geschaffen wird oder die sich in die Diskurse zur Gelebten Theologie einloggen. In diesen Beispielen ist es Kirche und Individuen gelungen, Teil eines bedeutungsvollen öffentlichen Diskurses Gelebter Theologie zu werden. Dies nicht normierend, sondern indem weite und klare theologische Referenzrahmen verwendet wurden.

Bei Kirchehoch2 wurde Theologinnen und Theologen ein pastoraltheologischer Freiraum eingeräumt, um christliche Tradition in kreativen Prozessen im digitalen Kontext zu thematisieren und um in den digitalen Diskursen zu partizipieren. Die Gaben und Interessen der Theologinnen wurden dabei mit ihrem Auftrag verschränkt.

Auch im Gemeindekontext ist es die Mikrokommunikation Gelebter Theologie des Allgemeinen Priestertums, die zu Veränderungen führt. Gewagt sei hier die These, dass sprachfähige Gemeinden auch lebendige Gemeinden sind. Denn es sind Gemeinder, deren Priesterschaft in der Lage ist, Zeugnis über Leben und Glauben abzulegen. Dabei ist die angemessene soziale Organisation von Christinnen und Christen in der Gegenwart wesentlich.[224] Diese kann jedoch, je nach Kontext, Lebenswelt und Virtualität, sehr unterschiedlich sein. Dem ordinierten Amt wohnt immer auch eine prophetische Dimension inne, nämlich dort, wo theologische, politische, ethische und strukturelle Konzeptionen das Leben hindern und einengen. Auch da, wo kirchliche Administration, Rechthaberei und Bürokratie dem Allgemeinen Priestertum im Weg stehen, Gelebte Theologie zu entdecken und zu entfalten.

Eine Pastoraltheologie des Empowerments braucht kreative Freiräume für das ordinierte Amt

Abschliessend soll nochmals auf die Rolle von Pfarrpersonen hingewiesen werden. Aktuelle Entwicklungen im Pfarramt stellen die hier formulierten Kernaufgaben des Empowerments des Allgemeinen Priestertums und dessen Gelebter Theologie infrage. In den überbordenden Leistungs- und Kompetenzansprüchen, die aus der Organisationsentwicklung auf einen geisteswissenschaftlichen Beruf prallen, werden die kreativen hermeneutischen Prozesse Gelebter Theologie erstickt. So fehlt den Pfarrpersonen der notwendige und eigenständige Denk- und Freiraum.

Im Kern pfarramtlicher und theologischer Arbeit sollte nach wie vor die lebensrelevante Erschliessung des Evangeliums stehen – digital und analog. Institutionell muss diese freie, relationale Geistestätigkeit ermöglicht und gefördert werden.

Pfarrpersonen sollen ihrer Kernaufgabe nachkommen können, ohne dass sie sich von strukturellen Anforderungen und von angebotsorientiertem Aktivismus vereinnahmen lassen. Vielmehr sollte ihre Ordination Leit- und Referenzrahmen pfarramtlicher Tätigkeit sein. Es ist die pastoraltheologische Herausforderung, innerhalb und ausserhalb der Gemeinde, digital und analog, konkrete Suchbewegungen und Initialzündungen zu erkennen, aufzunehmen, zu thematisieren und zu fördern. Dabei sollten die impliziten Vollzüge beim Suppenausteilen, die freiwilligen Handwerkerinnen und Handwerker beim Umbau des Kirchgemeindehauses, die Beteiligung in der Finanz- oder Liegenschaftskommission, die trauernde Witwe, die sich auf ein Seelsorgegespräch

---

[224] GRETHLEIN: «Gemeindeentwicklung», S. 495.

einlässt, die unzähligen kleinen Hashtags, digitale Trauergruppen, online Gebetsplattformen usw. nicht übersehen werden. Auch sie sind nachfolgeorientierte Suchbewegungen Gelebter Theologie.

Eine Pastoraltheologie des Empowerments braucht Zeit und Raum für diese Prozesse. Sie muss zuhören und beobachten können, um sich furchtlos in die öffentlichen Diskurse Gelebter Theologie einzuklinken und diese gleichzeitig in Kirche und Gesellschaft zu fördern.

Schlussendlich sollte aber eine solche Pastoraltheologie auch nicht vergessen, dass sie nicht die kontrollierende Instanz ist. Das Level an explizitem und öffentlichem Commitment variiert, erinnert sei hierbei aber an den Äthiopier der Apostelgeschichte, der voll Freude seines Wegs ging und erst später zu predigen begann.[225]

Gelebte Theologie ist Allgemeingut, sie ist Ausdruck der Verwirklichung des Allgemeinen Priestertums. Dadurch ist sie weder Eigentum organisationslogischer universitär-kritischer Privatisierung noch kann sie von autoritären Stellen wie Kirche und Universität für sich beansprucht und vereinnahmt werden.

Kirchliche Praxis und universitäre Praktische Theologie rücken in dem Sinn zusammen, als dass sie beide, aus unterschiedlichen Perspektiven, auf die Förderung, Reflexion und Mäeutik Gelebter Theologie ausgerichtet sind.

---

[225] Vgl. Apg 8,26–40.

Ein persönliches Nachwort – Fragmente einer Predigt

Es ist nicht nur meine praktisch-theologische, sondern auch meine persönliche Überzeugung, dass die Programmatik des Allgemeinen Priestertums und dessen Gelebte Theologie grundlegend für die Praktische Theologie, die Pastoraltheologie und für kirchentheoretisches Nachdenken ist. Es geht dabei darum, dass Menschen, die nicht Theologie studiert haben, als Repräsentantinnen und Repräsentanten Gelebter Theologie wahr- und ernst genommen werden, damit sie selbst zu einem konstitutiven Teil kirchlicher und theologischer Praxis werden können. Denn in der Gelebten Theologie kommt die Lebensrelevanz des Evangeliums plural, offen, facettenreich und manchmal auch kontrovers zum Ausdruck.

Gelebte Theologie basiert nicht nur auf Erfahrung, sie ist auch ein Widerfahrnis, das Menschen im Kern ihrer eigenen Identität verändert. In dem Sinn ist es keine Addition von Erfahrungen, sondern eine Veränderung des Selbst und dessen Sinnsystems, das alles Vergangene, Gegenwärtige und Zukünftige in Gottes Gegenwart rückt. So kann das Leben in einem anderen Licht gedeutet werden: der Menschen als Gottes Geschöpf, das in der Gegenwart Gottes lebt. Dieses Verständnis schafft man nicht selbst, sondern es widerfährt einem und es braucht Freiraum und Zeit, um Gestalt anzunehmen und Ausdruck zu finden.

Gelebte Theologie ist die Theologie, die widerfahren, erfahren, durchlebt und erlebt wird. Es ist die Theologie, die im Alltag trägt, die an den Höhepunkten des Lebens mit dabei ist und hilft, das Leben zu interpretieren und in ein neues Licht zu stellen. Es ist die Theologie, die aber auch in der tiefsten Dunkelheit, in Depression und Einsamkeit immer noch da ist und mehr ist als die Verzweiflung. Vielleicht ist sie die Sturheit und die Hartnäckigkeit, dass das Licht in der Finsternis scheint (Joh 1,5), sogar dann, wenn man es nicht spürt oder sieht. Sie ist häufig in den Tiefen des Lebens zugänglich in Klage und Zweifel und gleicht einem Versprechen: nicht alle Emotionen, nicht die eigene Dunkelheit oder das eigene Glücksgefühl haben das letzte Wort. Hinter dem menschlich Wahrnehmbaren und Machbaren ereignet sich ein Perspektivenwechsel, der lebensfördernd ist.

Gelebte Theologie ist die Theologie, die sich im Alltäglichen als lebensfördernd und lebensdienlich bewähren muss. Die sich stets durch die Erfahrungen ein bisschen verändert und durch das Leben eine neue Interpretation erfährt. Zugleich wird das Leben durch die Gelebte Theologie immer wieder neu interpretiert. Die Gelebte Theologie bleibt im alltäglichen Leben interpretationsbedürftig, vergleichbar mit einer Suchbewegung nach Ausdruck, Sprache und Resonanz. Ihre Sichtbarkeit erlangt sie nur im gelebten Leben.

Diese Programmatik ist immer relational zu verstehe, sie braucht das Gegenüber, im digitalen oder analogen Raum. Die Gelebte Theologie braucht Ermutigung zur Sichtbarkeit und sie braucht die hermeneutische Begleitung anderer Priesterinnen und Priester und im Idealfall die Begleitung einer Pastoraltheologie des Empowerments. Im relationalen Resonanzraum wird dann eigenständige Theologieproduktivität sichtbar: durch nachdenken, zurückfragen, reframen, trösten und beten.

Diese Gelebte Theologie ist suchende Nachfolge und benötigt suchende Begleitung, und keine wissende Belehrung.

Literatur

ARENDT, Hannah: Vita activa oder Vom tätigen Leben, 3. Aufl., München Berlin Zürich: Piper Taschenbuch 2005.

ARMSTRONG, Michael R.: «Some Ordinary Theology of Assisted Dying», in: Ecclesial Practices 5/1 (2018), S. 39–53.

ARNETT, Jeffrey Jensen: Emerging Adulthood: The Winding Road from the Late Teens Through the Twenties, 2. Aufl., Oxford ; New York: Oxford University Press 2014.

ASMUSSEN, Hans: Das Priestertum aller Gläubigen, Stuttgart: Quell-Verl. 1946.

ASTLEY, Jeff: Ordinary Theology: Looking, Listening and Learning in Theology, Farnham, Surrey: Ashgate Publishing Company 2002.

ASTLEY, Jeff: «The Analysis, Investigation and Application of Ordinary Theology», in: FRANCIS, Leslie J. und Jeff ASTLEY (Hg.): Exploring Ordinary Theology. Everyday Christian Believing and the Church, Farnham, Surrey, UK ; Burlington, VT: Ashgate 2013, S. 1–9.

BARTH, Hans-Martin: Einander Priester sein: Allgemeines Priestertum in ökumenischer Perspektive, Göttingen: Vandenhoeck & Ruprecht 1990.

BAUMAN, Zygmunt: Flaneure, Spieler und Touristen. Essays zu postmodernen Lebensformen, 1. Aufl., Hamburg: Hamburger Edition 2006.

BECK, Ulrich: «Jenseits von Stand und Klasse? Soziale Ungleichheiten, gesellschaftliche Individualisierungsprozesse und die Entstehung neuer sozialer Formationen und Identitäten», in: KRECKEL, Reinhard (Hg.): Soziale Ungleichheiten. Soziale Welt, Sonderband 2, Göttingen: Schwartz 1983, S. 35–74.

BENESCH, Michael: Psychologie des Dialogs, Wien: UTB 2011.

BERGER: The Many Altars of Modernity, Toward a Paradigm for Religion in a Pluralist Age, Berlin, Boston: De Gruyter 2014.

Bevans, Stephen B.: Models of Contextual Theology, Maryknoll, N. Y.: Orbis Books 2002.

BILS, Sandra: «Kirche2 – Eine ökumenische Bewegung», in: POMPE, Hans-Hermann, TODJERAS, Patrick und WITT, Carla J. (Hg.): Fresh X - Frisch. Neu. Innovativ: Und es ist Kirche, Neukirchen-Vluyn: Neukirchener Aussaat 2016, S. 50–56.

BONHOEFFER, Dietrich: Nachfolge, Bd. 4, hg. v. TÖDT, Ilse und KUSKE, Martin, 3. Aufl., Gütersloh: Chr. Kaiser Verlag 2002.

BOURDIEU, Pierre: «Ökonomisches Kapital – Kulturelles Kapital – Soziales Kapital.», in: KRECKEL, Reinhard (Hg.): Soziale Ungleichheiten (Sozialen Welt, Sonderband 2), Göttingen: Schwartz 1983, S. 183–198.

BOWMAN, Donna: The Homebrewed Christianity Guide to Being Human: Becoming the Best Bag of Bones You Can Be, hg. v. FULLER, Tripp, S. l.: Fortress Press 2018.

BROWNING, Don: Fundamental Practical Theology: Descriptive and Strategic Proposals, Minneapolis: Fortress Press 1996.

BRUNNSCHWEILER, Thomas, LUTZ, Samuel (Hg.): Huldrych Zwingli Schriften, Bd. 1, Zürich: Theologischer Verlag Zürich 1995.

BUBER, Martin: Das dialogische Prinzip: Ich und Du. Zwiesprache. Die Frage an den Einzelnen. Elemente des Zwischenmenschlichen. Zur Geschichte des dialogischen Prinzips, 17. Aufl., Gütersloh: Gütersloher Verlagshaus 2017.

CAMPBELL, Heidi A. und GARNER, Stephen: Networked Theology: Negotiating Faith in Digital Culture, Grand Rapids, Michigan: Baker Academic 2016.

COBB, John und GRIFFIN, David: Process Theology: An Introductory Exposition, Revised ed. Aufl., Philadelphia: Westminster John Knox Press 1976.

COENEN-MARX, Cornelia u. a.: Symfonie – Drama – Powerplay: Zum Zusammenspiel von Haupt- und Ehrenamt in der Kirche, Stuttgart: Kohlhammer W., GmbH 2017.

CONSALVO, Mia und ESS, Charles: «Introduction», in: CONSALVO, Mia und ESS, Charles (Hg.): The Handbook of Internet Studies, 1. Aufl., Malden, Mass.: Wiley-Blackwell 2012, S. 1–8.

CRAY, Graham u. a.: Mission-shaped Church: church planting and fresh expressions of church in a changing context, London: Church House 2004.

Digitale Bibliothek 012: RGG Religion in Geschichte und Gegenwart, 3. Aufl., Mohr Siebeck 2004.

DINTER, Astrid, HEIMBROCK, Hans-Günter und SÖDERBLOM, Kerstin (Hg.): Einführung in die Empirische Theologie: Gelebte Religion erforschen, Göttingen: UTB 2007.

ELIAS, Norbert: Über den Prozess der Zivilisation. Soziogenetische und psychogenetische Untersuchungen, Bd. 1: Wandlungen des Verhaltens in den weltlichen Oberschichten des Abendlandes, 30. Aufl., Frankfurt a. M.: Suhrkamp Verlag 2010.

FAILING, Wolf-Eckart und HEIMBROCK, Hans-Günter: Gelebte Religion wahrnehmen. Lebenswelt – Alltagskultur – Religionspraxis, Stuttgart: Kohlhammer, W., GmbH 1998.

FRANCIS, Leslie J. und ASTLEY, Jeff (Hg.): Exploring Ordinary Theology. Everyday Christian Believing and the Church, Farnham, Surrey, UK ; Burlington, VT: Ashgate 2013.

FRIEDLI, Richard u. a.: «Pr estertum».

FÜRST WALTER und MERKEL FRIEDEMANN: «Pastoraltheologie».

GERKIN, Charles V.: An Introduction to Pastoral Care, Nashville: Abingdon Press 1997.

GERKIN, Charles V.: Widening the Horizons: Pastoral Responses to a Fragmented Society by Charles V. Gerkin, Philadelphia: Westminster: Westminster John Knox Pr 1986.

GOFFMAN, Erving: Stigma: Über Techniken der Bewältigung beschädigter Identität, übers. v. HAUG, Frigga, Frankfurt a. M.: Suhrkamp Verlag 2010.

GRÄB, Wilhelm: Religion als Deutung des Lebens: Perspektiven einer Praktischen Theologie gelebter Religion, Gütersloh: Gütersloher Verlagshaus 2006.

GREEN, Laurie: Let's Do Theology: Resources for Contextual Theology, 2. Aufl., London ; New York: Mowbray 2009.

GRETHLEIN, Christian: «Gemeindeentwicklung. Gemeindeaufbau/church growth/Gemeindeleben/Verein». in: GRÄB, Wilhelm und WEYEL, Birgit (Hg.): Handbuch Praktische Theologie, 1. Aufl., Gütersloh: Gütersloher Verlagshaus 2007, S. 495–506.

GRETHLEIN, Christian: Praktische Theologie, Berlin; Boston: De Gruyter 2012.

GRÖZINGER, Albrecht: Die Kirche, ist sie noch zu retten?, Gütersloh: Gütersloher Verlagshaus 1998.

GRÖZINGER, Albrecht und PFLEIDERER, Georg (Hg.): «Gelebte Religion» als Programmbegriff Systematischer und Praktischer Theologie, Zürich: TVZ Theologischer Verlag 2002.

GRÜMME, Bernhard: Aufbruch in die Öffentlichkeit?: Reflexionen zum «public turn» in der Religionspädagogik, 1. Aufl., Bielefeld: transcript Verlag 2018.

HÄRLE, Wilfried: Dogmatik, 3. Aufl., Walter de Gruyter 2007.

HÄRLE, Wilfried und GOERTZ, Harald: «Priester/Priestertum».

HÄRLE, Wilfried u. a.: Wachsen gegen den Trend: Analysen von Gemeinden, mit denen es aufwärts geht, 4., unver. Aufl. Aufl., Evangelische Verlagsanstalt 2012.

HERMELINK, Jan: Kirchliche Organisation und das Jenseits des Glaubens: Eine praktisch-theologische Theorie der evangelischen Kirche, Gütersloh: Gütersloher Verlagshaus 2011.

HERRIGER, Norbert: Empowerment in der Sozialen Arbeit: Eine Einführung, 5. Aufl., Stuttgart: Kohlhammer W., GmbH 2014.

HERRMANN, Maria und BILS, Sandra (Hg.): Vom Wandern und Wundern: Fremdsein und prophetische Ungeduld in der Kirche, Würzburg: Echter 2017.

HEYWOOD, David: «Educating Ministers of Character», in: Journal of Adult Theological Education 10/1 (2013), S. 4–24.

HOFMANN, Beate: «Ehrenamt und Freiwilligkeit», in: KUNZ, Ralph und SCHLAG, Thomas (Hg.): Handbuch für Kirchen- und Gemeindeentwicklung, 1. Aufl., Neukirchen-Vluyn: Neukirchener Theologie 2014, S. 140–150.

HOOVER, Stewart M.: «Religious Authority in the Media», in: HOOVER, Stewart M. (Hg.): The Media and Religious Authority, Pennsylvania 2016.

JAKOB, Samuel: «Reformierte Gemeindeleitung – Das Zürcher ‹Zuordnungsmodell›» 2014 (SJKR 19), S. 47–62.

JAMES, William: The Varieties of Religious Experience, CreateSpace Independent Publishing Platform 2013.

JOSUTTIS, Manfred: Die Einführung in das Leben. Pastoraltheologie zwischen Phänomenologie und Spiritualität, Gütersloh: Chr. Kaiser / Gütersloher Verlagshaus 1996.

JUNGE, Matthias und KRON, Thomas: Zygmunt Bauman: Soziologie zwischen Postmoderne, Ethik und Gegenwartsdiagnose, 3. Aufl., Wiesbaden: VS Verlag für Sozialwissenschaften 2014.

KARLE, Isolde: Der Pfarrberuf als Profession: Eine Berufstheorie im Kontext der modernen Gesellschaft, 3. Aufl., Stuttgart Verl. Kreuz: Kreuz Verlag 2011.

KLIE, Thomas: «Kasualgemeinde», in: KUNZ, Ralph und SCHLAG, Thomas (Hg.): Handbuch für Kirchen- und Gemeindeentwicklung, 1. Aufl., Neukirchen-Vluyn: Neukirchener Theologie 2014, S. 281–287.

KOCH, Muriel und SCHLAG, Thomas: «Results from Switzerland», in: SCHWEITZER, Friedrich u. a. (Hg.): Konfirmandenarbeit erforschen und gestalten: Confirmation, Faith, and Volunteerism: A Longitudinal Study on Protestant Adolescents in the Transition towards Adulthood. European Perspectives, Gütersloh: Gütersloher Verlagshaus 2017, S. 151–161.

KUNZ, Ralph und SCHLAG, Thomas: «Gemeindeautonomie und Zuordnungsmodell in reformierter Perspektive. Kirchentheoretische Orientierungen und Folgerungen für die kirchenleitende Praxis», in: KRAUS, Dieter (Hg.): Schweizerisches Jahrbuch für Kirchenrecht. Bd. 22, New Aufl., S.l.: Peter Lang AG, Internationaler Verlag der Wissenschaften 2018, S. 71–117.

KUNZ, Ralph und ZEINDLER, Matthias (Hg.): Alle sind gefragt: Priestertum aller Gläubigen heute, Zürich: Theologischer Verlag Zürich 2018.

KUNZ, Ralph: «Zur Notwendigkeit einer Theologie des Laientums und zu den Chancen und Stolpersteinen der gemeinsamen Verantwortung in Gemeinde und Kirche», in: KUNZ, Ralph und ZEINDLER, Matthias (Hg.): Alle sind gefragt: Priestertum aller Gläubigen heute, Zürich Theologischer Verlag Zürich 2018, S. 29–52.

LANGE, Ernst: «Sprachschule für die Freiheit. Bildung als problem und Funktion der Kirche», in: SCHLOZ, Rüdiger und BUTENUTH, Alfred (Hg.): Kirche für die Welt. Aufsätze zur Theorie kirchlichen Handelns, München : Gelnhausen: Chr. Kaiser, Mchn. 1992.

LEONARD, Bill: The Homebrewed Christianity Guide to Church History: Flaming Heretics and Heavy Drinkers, hg. v. FULLER, Tripp, Minneapolis: Fortress Press 2017.

LITTLE, Brian: Mein Ich, die anderen und wir: Die Psychologie der Persönlichkeit und die Kunst des Wohlbefindens, übers. v. WIESE, Martina, Berlin / Heidelberg: Springer Spektrum 2015.

LUCKMANN, Thomas: Die unsichtbare Religion, hg. v. KNOBLAUCH, Hubert, 8. Aufl., Frankfurt a. M.: Suhrkamp Verlag 1991.

LUTHER, Henning: Religion und Alltag: Bausteine zu einer Praktischen Theologie des Subjekts, Stuttgart: Radius 1992.

LUTHER, Martin: «WA 40/2».

MERKEL FRIEDEMANN: «Pastoraltheologie».

MEYER, Joyce: Wie man Gottes Reden hört: Erkennen Sie Gottes Stimme und treffen Sie die richtigen Entscheidungen, 3. Auflage Aufl., Hamburg: Joyce Meyer Ministries 2015.

MILDENBERGER, F.: Biblische Dogmatik: Ökonomie als Theologie, W. Kohlhammer 1991 (Biblische Dogmatik: eine biblische Theologie in dogmatischer Perspektive).

MOYNAGH, Michael: Church for Every Context: An Introduction to Theology and Practice, London: SCM Press 2012.

MÜLLER, Sabrina: «Bedingungen eines gelingenden theologischen Diskurses mit jungen Freiwilligen», in: SCHLAG, Thomas und ROEBBEN, Bert (Hg.): Jahrbuch für Jugendtheologie Bd. 4 «Jedes Mal in der Kirche kam ich zum Nachdenken»: Jugendliche und Kirche, Stuttgart: Calwer 2016, S. 160–170.

MÜLLER, Sabrina: «Discipleship – Eine kirchentheoretische Grundfigur in der Spannung von Bekenntnisorientierung und Deutungsoffenheit», in: Praktische Theologie 53/1 (2018), S. 34–37.

MÜLLER, Sabrina: Fresh Expressions of Church – Beobachtungen und Interpretationen einer neuen kirchlichen Bewegung, Zürich: Theologischer Verlag Zürich 2016.

MÜLLER, Sabrina: «How Ordinary Moments Become Religious Experiences. A Process-Related Practical Theological Perspective», in: RIEGEL, Ulrich, LEVEN,

Eva-Maria und FLEMING, Daniel (Hg.): Religious Experience and Experiencing Religion in Religious Education, Münster/New York: Waxmann Verlag GmbH 2018, S. 79–96.

OERTER, Rolf und MONTADA, Leo: Entwicklungspsychologie, 5. Aufl., Weinheim: Beltz PVU 2002.

OSMER, Richard R.: Practical Theology: An Introduction, Grand Rapids, Mich: William B Eerdmans Publishing Co 2008.

PFLEIDERER, Georg: «‹Gelebte Religion› – Notizen zu einem Theoriephänomen», in: GRÖZINGER, Albrecht und PFLEIDERER, Georg (Hg.): «Gelebte Religion» als Programmbegriff Systematischer und Praktischer Theologie, Zürich: TVZ Theologischer Verlag 2002, S. 23–42.

PINSKY, Mark I.: The Gospel According to the Simpsons, Bigger and Possibly Even Better! Edition: With a New Afterword Exploring South Park, Family Guy, & Other Animate, Updated, Expanded Aufl., Louisville, Ky: WESTMINSTER PR 2007.

RAPPAPORT, Julian: «In praise of paradox: A social policy of empowerment over prevention», in: American Journal of Community Psychology 9/1 (1981), S. 1–25.

RAPPAPORT, Julian: Studies in Empowerment: Steps Toward Understanding and Action, New York: Routledge Member of the Taylor and Francis Group 1984.

RECKE, Martin: «Wundersames Wanderbuch».

RICOEUR, Paul: Der Konflikt der Interpretationen: Ausgewählte Aufsätze, hg. v. CREUTZ, Daniel und GANDER, Hans-Helmut, Freiburg, Br.; München: Verlag Karl Alber 2010.

ROSA, Hartmut: Resonanz: Eine Soziologie der Weltbeziehung, 5. Aufl., Berlin: Suhrkamp Verlag 2016.

SALAZAR, Carles: «Believing Minds: Steps to an Ecology of Religious Ideas», in: RIEGEL, Ulrich, LEVEN, Eva-Maria und FLEMING, Daniel (Hg.): Religious Experience and Experiencing Religion in Religious Education, 1. Aufl., Münster/New York: Waxmann Verlag GmbH 2018, S. 23–42.

SALLMANN, Martin: «Das allgemeine Priestertum in kirchengeschichtlicher Perspektive», in: KUNZ, Ralph und ZEINDLER, Matthias (Hg.): Alle sind gefragt: Priestertum aller Gläubigen heute, Zürich: Theologischer Verlag Zürich 2018, S. 53–63.

SCHLAG, Thomas: Öffentliche Kirche: Grunddimensionen einer praktisch-theologischen Kirchentheorie, Zürich: Theologischer Verlag 2012.

SCHLAG, Thomas: «Öffentlichkeit 4.0», in: MERZYN, Konrad, SCHNELLE, Ricarda und STÄBLEIN, Christian (Hg.): Reflektierte Kirche: Beiträge zur Kirchentheorie, 1. Aufl., Leipzig: Evangelische Verlagsanstalt 2018, S. 321–336.

SCHLEIERMACHER, Friedrich: «Über die Religion. Reden an die Gebildeten unter ihren Verächtern (1799)», in: MECKENSTOCK, Günter (Hg.): Kritische Gesamtausgabe, Bd. I/2: Schriften aus der Berliner Zeit 1769–1799, Berlin / New York: Walter de Gruyter 1984, S. 185–326.

SCHWEITZER, Friedrich: «Bildung», in: KUNZ, Ralph und SCHLAG, Thomas (Hg.): Handbuch für Kirchen- und Gemeindeentwicklung, 1. Aufl., Neukirchen-Vluyn: Neukirchener Theologie 2014, S. 253–260.

SIMONSON, Julia (Hg.): Freiwilliges Engagement in Deutschland: der Deutsche Freiwilligensurvey 2014, Wiesbaden: Springer Fachmedien Wiesbaden 2017 (Empirische Studien zum bürgerschaftlichen Engagement).

STENGER, Mary Ann: «Faith (and religion)», in: MANNING, Russell R. (Hg.): The Cambridge Companion to Paul Tillich, Cambridge: Cambridge University Press 2009, S. 91–104.

STREIB, Heinz und GENNERICH, Carsten: Jugend und Religion: Bestandsaufnahmen, Analysen und Fallstudien zur Religiosität Jugendlicher, Weinheim: Beltz Juventa 2011.

TAVES, Ann: «Finding and Articulating Meaning in Secular Experience», in: RIEGEL, Ulrich, LEVEN, Eva-Maria und FLEMING, Daniel (Hg.): Religious Experience and Experiencing Religion in Religious Education, 1. Aufl., Münster/New York: Waxmann Verlag GmbH 2018, S. 13–22.

TILLICH, Paul und DANZ, Christian: Der Mut zum Sein, 2. Aufl., De Gruyter 1991.

TILLICH, Paul: Dynamics of Faith, New York: HarperOne 1957.

TILLICH, Paul: Systematic Theology, Volume 1, Chicago: University of Chicago Press 1973.

TILLICH, Paul: The Protestant Era, Chicago: University Of Chicago Press 1948.

TILLICH, Paul: «Theology and Symbolism», in: JOHNSON, F. Ernest (Hg.): Religious Symbolism, New York: Harper and Brothers 1955, S. 108.

TROELTSCH, Ernst: «Das stoisch-christliche Naturrecht und das moderne profane Naturrecht. In: Deutsche Gesellschaft für Soziologie (DGS), Verhandlungen des 1. Deutschen Soziologentages vom 19. bis 22. Oktober 1910 in Frankfurt a. M. Frankfurt», Frankfurt a. M.: Sauer u. Auvermann 1969, S. 166–192.

WAGNER-RAU, Ulrike u. a.: «Pastoraltheologie», in: FECHTNER, Kristian u. a. (Hg.): Praktische Theologie: Ein Lehrbuch, Stuttgart: Kohlhammer W., GmbH 2017, S. 105–127.

WARD, Pete: Introducing Practical Theology: Mission, Ministry, and the Life of the Church, Grand Rapids: Baker Academic 2017.

WEHNER, Theo und Günter, Stefan T.: Psychologie der Freiwilligenarbeit: Motivation, Gestaltung und Organisation, 2015. Aufl., Berlin Heidelberg: Springer 2015.

WILLIAMS, Rowan: Being Disciples: Essentials of the Christian Life, Grand Rapids, Michigan: William B Eerdman Co 2016.

WOLFF, Jürgen: «Sprachschule für die Freiheit, Option für die Armen oder perspektivenverschränkende Bildung?», in: NOTH, Isabelle und KOHLI REICHENBACH, Claudia (Hg.): Religiöse Erwachsenenbildung: Zugänge – Herausforderungen – Perspektiven, 1. Aufl., Zürich: Theologischer Verlag Zürich 2013, S. 27–44.

WOODHEAD, Linda: «Introduction», in: WOODHEAD, Linda und CATTO, Rebecca (Hg.): Religion and Change in Modern Britain, London; New York: Taylor & Francis Ltd 2012, S. 1–33.

YOUNG, Robert J. C.: Postcolonialism: An Historical Introduction, Oxford, UK; Malden, Mass: Wiley-Blackwell 2001.

ZULEHNER, Paul: «Religion ja – Kirche nein? Die Kirche in der multikulturellen Gesellschaft von morgen», in: KOCK, Manfred (Hg.): Kirche im 21. Jahrhundert: Vielfalt wird sein, 1. Aufl., Stuttgart: Kreuz Verlag 2004, S. 11–31.
Zürcher Bibel, Zürich: TVZ Theologischer Verlag Zürich 2008.

Links

«175.11 – Kirchenordnung der evangelisch-reformierten Kirche des Kantons St. Gallen», https://www.gesetzessammlung.sg.ch/frontend/versions/1527/ embedded _version_content [abgerufen am 06.08.2018].
AUFATMEN | Das Magazin zum Gott begegnen und authentisch leben, https://scm-bundes-verlag.ch/medien/lesen/aufatmen [abgerufen am 28.09.2018].
«Barmer-theologische-Erklärung.pdf», https://www.ekd.de/Barmer-Theologische-Erklarung -Thesen-11296.htm [abgerufen am 06.08.2018].
BILDUNG, Bundeszentrale für politische: «Empowerment-Landkarte: Diskurse, normative Rahmung, Kritik | bpb», www.bpb.de/apuz/180866/empowerment-landkarte [abgerufen am 12.08.2017].
«Bischof: Kirche muss sich auf weniger Pastoren vorbereiten», https://www.nordkirche.de/nachrichten/nachrichten-detail/nachricht/bischof-kirche-muss-sich-auf-weniger-pastoren-vorbereiten/ [abgerufen am 03.08.2018].
BONHOEFFER, Dietrich: «Wer bin ich», https://www.dietrich-bonhoeffer.net/predigttext/wer-bin-ich/ [abgerufen am 12.08.2018].
«DFG-Projekt «Gelebte Theologie …», in: Katholische Theologie | Universität des Saarlandes (20.09.2016), https://www.uni-saarland.de/fachrichtung/kath-theologie/dfg-projekt-gelebte-theologie.html [abgerufen am 22.08.2018].
«Freiwillige», https://www.kathluzern.ch/engagement/freiwillig-im-einsatz.html [abgerufen am 07.08.2018].
«Freiwilligenarbeit», https://www.bfs.admin.ch/bfs/de/home/statistiken/arbeit-erwerb/unbezahlte-arbeit/freiwilligenarbeit.html [abgerufen am 22.02.2018].
«Freiwilligenarbeit – ein Gewinn für alle», https://www.ref-sg.ch/freiwilligenarbeit. html [abgerufen am 08.08.2018].
«Freiwilligenarbeit», https://www.kirchenbund.ch/de/themen/freiwilligenarbeit [abgerufen am 22.08.2018].
«Freiwilligenmonitor – SGG», https://sgg-ssup.ch/de/freiwilligenmonitor.html [abgerufen am 08.08.2018].
«Gelebter Glaube | Life Channel», https://lifechannel.ch/de/Glauben-entdecken/ Gelebter-Glaube [abgerufen am 28.09.2018].
«Goldberg_Freiwillig Kirche-HS17-ohneAdresse.pdf», https://www.theologie.uzh.ch/ dam/jcr:2a94beb2-777a-427e-88db-0dff22168a60/Goldberg_Freiwillig%20Kirche-HS17-ohneAdresse.pdf [abgerufen am 08.08.2018].
«Hillsong Church», https://hillsong.com/ [abgerufen am 20.05.2014].
«Home», in: Fresh Expressions US, http://freshexpressionsus.org/ [abgerufen am 23.07.2016].

«Homebrewed Christianity», http://homebrewedchristianity.com/# [abgerufen am 15.08.2018].
«ik-ag-fwa_leitfaden-freiwilligenarbeit_arbeitsinstrumente_2018_komplett.pdf».
«Im Ehrenamt – nordkirche.de», https://www.nordkirche.de/dazugehoeren/im-ehrenamt/ [abgerufen am 03.08.2018].
KAMMEYER, Katharina: «Kindheitsforschung und Kindertheologie. Ein kindertheologischer Blick auf Beiträge soziologischer Kindheitsforschung», in: Theo-web. Zeitschrift für Religionspädagogik 11 (2012), www.theo-web.de/zeitschrift/ ausgabe-2012–01/05.pdf [abgerufen am 03.03.2017].
«Kirche der Freiheit», https://www.ekd.de/ekd_de/ds_doc/kirche-der-freiheit.pdf [abgerufen am 10.10.2018].
«reformation_im_kontext.pdf».
«Related Churches | HTB Church», www.htb.org.uk/about-htb/related-churches [abgerufen am 04.08.2013].
«Saddleback Church – One Family, Many Locations. Help. Healing. Hope.», http:// saddleback.com/ [abgerufen am 20.05.2014].
Schweizerischer Evangelischer Kirchenbund (SEK), https://www.ref-500.ch/sites/ default/files/media/PDF_wort_bild/reformation_im_kontext.pdf [abgerufen am 26.12.2018].
«Theologische Realenzyklopädie Online», https://www.degruyter.com/ databasecontent [abgerufen am 08.08.2018].
«Theology Beer Camp: Birthday Edition», in: Eventbrite, https://www.eventbrite.com/ e/43485895484?aff=efbneb [abgerufen am 12.08.2018].
«Kirche²», www.kirchehochzwei.de/cms/ [abgerufen am 15.08.2018].
«Who We Are», https://homebrewedchristianity.com/who-we-are/ [abgerufen am 25.08.2018].
WALTER, Peter: «Priestertum», in: JAEGER, Friedrich (Hg.): Enzyklopädie der Neuzeit Online, [abgerufen am 03.08.2018].
«Willow Creek Community Church», www.willowcreek.org/ [abgerufen am 20.05.2014].
«Wir – kirchehoch2», https://kirchehoch2.de/wir/ [abgerufen am 25.08.2018].